神奈川大学言語学研究叢書

7

動詞の意味拡張における方向性

着点動作主動詞の認知言語学的研究

夏海燕 著

ひつじ書房

まえがき

　本書は認知意味論の手法を用いて、「着点動作主動詞」と本研究が呼ぶ一連の動詞および意味的に関連のある動詞を取り上げ、意味拡張や文法化にみられる方向性及び写像の実現可能性について明らかにするものである。

　本書は神戸大学に提出した博士論文をもとに改稿を加えたものであるが、研究のきっかけは修士論文に遡れる。当時は日本語と中国語の視覚動詞を中心にその文法化における意味変化の方向性をみていた。日本語の「みる」は視覚動詞として使われる時、「テレビをみる」「景色をみる」のように意味的に中立的である。しかし、意味拡張に伴い、〈ある出来事を経験する〉という意味で使用される時は、「憂き目・痛い目・ひどい目・辛い目・いい目をみる」や「ばか・泣き・恥をみる」のように、「いい目をみる」以外、ほとんどの用例が被害性を帯びている。これはなぜだろうとずっと不思議で仕方なかった。

　よくみると、類似する拡張経路を辿る動詞は「みる」の他にも、「(被害を)こうむる」「(罪を)背負う」「(借金を)抱える」「(災いを)招く」「(顰蹙を)買う」「(支障を)来す」「(パンチを)食らう」などが観察された。例えば、「買う」は〈お金を払い、[商品(品物や使用権など)を]自分のものにする〉という中立的な基本義を持つが、意味拡張により、〈[よくない評判や反応を]受ける〉という受動的・被害的意味を獲得している。「{反感／不評／ひんしゅく／恨み／軽蔑／怒り／失笑／憎しみ}を買う」などの「買う」はその拡張義の使用例である。また、日本語のみならず、中国語や韓国語にも類似する言語現象がみられる。

　「買う」「食う」「かぶる」のような動詞は、他動詞でありながら動作が動作主から出発し、動作主において終結するという特徴を持つ。本書ではこのような動詞を「着点動作主動詞」と呼ぶ。日本語・中国語・韓国語・英語などの多言語データをもとに議論を展開し、それらの動詞に〈自分の領域への

モノの移動〉というイメージ・スキーマによって、〈不快な経験をする〉という意味拡張が起こることを示す。

　一方、「批判を買う」と「批判される」、「足止めをくう」と「足止めされる」のように、着点動作主動詞が受身文との平行性を示している。中国語をはじめ、言語によっては着点動作主動詞の一部が〈不快な経験〉へという意味拡張にとどまらず、さらに受身標識または受身を表す接尾辞へと文法化するという現象が観察される。本書において、主に中国語の受身標識に焦点を当て、着点動作主動詞から受身標識へという意味変化の普遍性およびその動機を明らかにする。

　本研究の成果は、語彙の意味変化という記述的な側面、そしてメタファーの写像、概念化における身体性基盤、また言語変化の規則性といった理論的な側面に貢献できればと願うばかりである。さらに、辞書、また教科書などの編集、教育現場への応用を目指したい。

本書における表記法

(1) 例文は各章ごとに通し番号をつける。引用例の出典は、例文の後の（　）内に示す。コーパスからの例文はコーパス名、著者名、書名の順で記載してある。また、検索エンジン Google を用いて収集した例文に関しては、URL を記載してある。例文後に出典が示されていないものは筆者の作例である。作例に関しては、必ず母語話者に容認度調査をしてから使用している。

(2) 例文の文頭に付された「?」と「*」はそれぞれ、表現の容認性が低い、容認不可能であることを示す。

(3) 図表番号は各章ごとに通し番号を付してある。

(4) 注は各章ごとに通し番号を付し、各章末に挙げる。

目　次

まえがき ... iii
本書における表記法 ... v

第1章　序論　1

1.1　研究の対象 ... 1
1.2　研究の目的 ... 4
1.3　本書の構成 ... 6

第2章　研究背景　9

2.1　理論背景 ... 9
  2.1.1　概念メタファー ... 9
  2.1.2　イメージ・スキーマ ... 14
  2.1.3　フレーム ... 16
  2.1.4　経験基盤 ... 17
2.2　意味拡張・意味変化の方向性 ... 19
  2.2.1　認知意味論以前の意味拡張・意味変化の方向性 ... 19
  2.2.2　メタファーにおける方向性 ... 22
  2.2.3　メトニミーにおける方向性 ... 24
  2.2.4　文法化における意味変化の方向性 ... 27
2.3　多義語における基本義の認定 ... 29
2.4　多義語における個別義の認定 ... 32

第3章　着点動作主動詞の基本義の性質　37

3.1　着点動作主動詞の基本義 ... 37
  3.1.1　着衣動詞 ... 37

3.1.2　負荷動詞	43
3.1.3　摂食動詞	46
3.1.4　知覚動詞	49
3.1.5　その他の動詞	54
3.2　着点動作主動詞の基本義における意味的性質	59
3.2.1　使役移動のプロセス	60
3.2.2　動作主への求心性	62
3.2.3　動作主の受影性（affected-agent）	65
3.3　再帰動詞との相違	66

第4章　着点動作主動詞の意味拡張にみられる方向性　　71

4.1　着点動作主動詞の意味拡張	71
4.1.1　着衣動詞の意味拡張	71
4.1.2　負荷動詞の意味拡張	74
4.1.3　摂食動詞の意味拡張	77
4.1.4　知覚動詞の意味拡張	84
4.1.5　その他の動詞の意味拡張	87
4.2　着点動作主動詞の意味拡張にみられる方向性	89
4.3　語彙レベルの写像の欠け	89
4.4　意味拡張の多面性	95
4.5　まとめ	100

第5章　方向性の検証と原因探求　　103

5.1　「堕落的傾向」との相違	103
5.2　非着点動作主動詞からの検証	105
5.3　〈不快な経験〉へ拡張する原因	107
5.3.1　個々の動詞または動詞類レベルでの説明	108
5.3.2　全体的な説明	112
5.4　まとめ	118

第 6 章　写像の構造性と拡張の方向性　121

6.1　写像の起点としての〈自分の領域へのモノの移動〉　121
6.2　〈自分の領域へのモノの移動〉にみられるスキーマの融合　125
　6.2.1　〈容器〉のスキーマ　126
　6.2.2　〈起点－経路－着点〉のスキーマ　126
　6.2.3　スキーマの融合　127
6.3　イメージ・スキーマと価値付与　128
6.4　《不快な経験は自分の領域へのモノの移動である》による意味拡張の方向性の特徴　132
6.5　まとめ　134

第 7 章　着点動作主動詞と対応する使役動詞の意味拡張　135

7.1　着点動作主動詞とその使役動詞　135
7.2　着点動作主動詞とその使役動詞ペアの意味拡張　138
7.3　更なる考察　141
7.4　自己の自己領域と他者の自己領域の違いによる説明　143
7.5　まとめ　144

第 8 章　手と手以外の身体部位の違いによる方向性の相違　145

8.1　動作主の身体部位が着点になる動詞　145
8.2　手が着点になる動詞の意味拡張　147
　8.2.1　〈手で［物を］獲得する〉ことから〈所有にする〉ことへ／〈［物を］手元に保つ〉ことから〈所有する〉ことへ　148
　8.2.2　〈手で［物を］獲得する〉ことから〈理解する〉ことへ　151
8.3　方向性の比較及び原因探求　155
8.4　まとめ　158

第 9 章　他言語からの検証　　159

- 9.1　先行研究　　159
- 9.2　他言語のデータ　　166
  - 9.2.1　中国語における着点動作主動詞　　166
  - 9.2.2　韓国語における着点動作主動詞　　170
  - 9.2.3　英語における着点動作主動詞　　179
  - 9.2.4　その他の言語のデータ　　182
  - 9.2.5　諸言語の比較　　184
- 9.3　まとめ　　186

第 10 章　着点動作主動詞と受身　　189

- 10.1　日本語　　189
- 10.2　中国語における着点動作主動詞から受身標識への文法化　　191
- 10.3　英語　　197
- 10.4　韓国語における着点動作主動詞から受身接辞への文法化　　197
- 10.5　まとめ　　200

第 11 章　結語　　201

- 11.1　本研究のまとめ　　201
  - 11.1.1　着点動作主動詞の意味拡張　　201
  - 11.1.2　写像の欠けの説明　　204
  - 11.1.3　方向性の原因究明　　205
  - 11.1.4　関連動詞の意味拡張の方向性　　206
  - 11.1.5　方向性の普遍性の検証　　207
- 11.2　今後の課題　　207

謝辞　　209

参考文献　　211

索引　　223

第 1 章　序論

1.1　研究の対象

　着点動作主動詞とは(1)のような動詞である。これらは基本義の時、〈動作主が対象に働きかけることによって、動作主の身体または領域が着点となる事物の移動が起こり、動作主が動作の影響を受ける〉という〈動作主向けの使役移動（AGENT-DIRECTED MOTION）〉を備えている動詞のことである。

(1) I．着る、かぶる、こうむる、はく、まとう、はおる　　　（着衣動詞）
　　II．負う、背負う、しょう、担う、担ぐ、抱える、いだく、だく
　　　　　　　　　　　　　　　　　　　　　　　　　　　　（負荷動詞）
　　III．食う、食らう、食べる、飲む、なめる、吸う、喫する、食する
　　　　　　　　　　　　　　　　　　　　　　　　　　　　（摂食動詞）
　　IV．見る、聴く、嗅ぐ　　　　　　　　　　　　　　　　（知覚動詞）
　　V．招く、来す、呼ぶ、もらう、受ける、預かる、買う、借りる、浴びる
　　　　　　　　　　　　　　　　　　　　　　　　　　　　（その他）[1]

　これらの動詞は、他動詞のカテゴリーに属していながら、動作が動作主から出発し、被動作主において終結する、つまり「動作主→（道具）→被動作主」という他動詞の典型から外れた特徴を持つ。動作の終結点は被動作主ではなく、動作主自身であるという点が特徴的である。したがって、着点動作

主動詞という呼称が相応しい[2]。

　本研究において、着点動作主動詞の意味拡張に着目する。まず、以下の文をみてみよう。

（2）a. 散歩をするのでも、多磨霊園とか深大寺、小金井公園と、四十分コース、一時間コースとそれぞれきめてあって、途中でお茶を飲んで帰ってくる。　　　　　　（BCCWJ　清水一行：葬った首）
　　 b. 原案に固執せずに証券、保険業界の要求をのむという妥協的姿勢であった。　　　　（BCCWJ　草野厚：アメリカ議会と日米関係）
（3）a. ソースライス―飯にソースをぶっかけて、お菜はなし。ただソースをかけただけの飯を食うのである。
　　　　　　　　　　（BCCWJ　三田純市・西尾忠久：われらカレー党宣言）
　　 b. 広島は原爆直後の九月、台風禍の少ない中国地方としては空前絶後の台風に見まわれ、被爆者はダブルパンチを食った。
　　　　　　　　　　　　　　（BCCWJ　関千枝子：ヒロシマ花物語）
（4）a. 禁煙するとタバコのニコチンによって荒れていた胃の粘膜が正常になって食欲が出てきたり、口さみしくなるためにあめをなめるなど、間食が多くなることが原因としてあげられます。
　　　　（BCCWJ　高尾信廣（監修）：
　　　　　　　　　　　高血圧―QOLを大切にした血圧管理術―）
　　 b. まだ20歳なのに、かすれ気味の声で話す美香を見ていると、人生の辛酸をなめ尽くした熟女にさえ感じられて、彼女よりはるかに年上のはずの私は一瞬たじろいでしまった。
　　　　　　　（BCCWJ　飯塚真紀子：週刊現代第43巻第32号）

（2）から（4）のように、われわれはお茶だけではなく、要求も「飲み」、ご飯以外にパンチも「食い」、辛酸も飴と同じく「舐める」ことができる。1つの動詞がその意味によって、飲食物と抽象物という異なる種類の目的語をとることができるのである。このような1つの形式に2つ以上の意味がある

現象は「多義」と呼ばれる[3]。認知意味論では、このような多義語の複数の意味間には拡張・派生関係があるとされ、そこに認知的な要因に基づいた非恣意的な一方向性があることが指摘されている。

　上に挙げた動詞の意味拡張においては、意味評価上中立的な基本義が意味拡張に伴い、〈不快な経験をする〉というネガティブな経験を表すようになるという興味深い拡張方向が観察される。例えば、「食う」は摂食動詞としては、「飯を食う」のように、特定の価値判断とは結び付かず中立的であるが、〈[打撃や非難を]受ける〉という拡張義がみられ、「{拳骨／パンチ／不意打／暗撃}を食う」や「{叱言／小言}を食う」のように、ほとんどの例が被害性を帯びている。類似した拡張経路を辿る動詞としては、「(冤罪を)着る」「(被害を)被る」「(災いを)招く」「(反感を)買う」「(痛い目を)みる」などが挙げられ、これらの動詞も着点動作主動詞である。このようなネガティブな経験を表すようになるという拡張の傾向は、それぞれの動詞に固有の現象であるのか、または動詞間に関連性・共通性がみられるのか、などの疑問が挙げられる。本書において、こういった疑問を解くために、着点動作主動詞の意味拡張におけるこのような拡張の方向性および写像の実現可能性について研究する。

　ただ、着点動作主動詞のすべてが同じ方向へ拡張するわけではない。一部の動詞は意味拡張しないか(「はく」「まとう」「はおる」「担ぐ」「だく」など)、また拡張しても〈不快な経験をする〉への方向性はみられない(「食べる」「吸う」「浴びる」「呼ぶ」「借りる」など)。このような、前述の拡張の方向性に従わない動詞についても説明する。

　さらに、「着せる」「浴びせる」といった着点動作主動詞と対応する使役動詞(意味的には「受影者目的語使役移動動詞」とでも言うべきもの)、および動作主の手が着点となる動詞)の意味拡張にも注目する。

　着点動作主動詞の多くは、「着る／着せる」「かぶる／かぶせる」のように、その使役動詞としての二重他動詞とペアをなす場合がある。本書では、これらの使役動詞の意味拡張にも注目し、どのような拡張傾向がみられるのかを検証する。

また、着点動作主動詞の多くは動作主の身体またはその一部を着点としている。着点動作主動詞のほかに、(5)の動詞も動作主の身体部位である「手」が着点になっている。

（5）　とる、つかむ、つかまえる、とらえる、つまむ、持つ、握る、入手する

　これらの動詞の表す行為は、「てすりをつかむ」「鼻をつまむ」のように、対象物を動かすことなく、動作主の身体部位である手を動かすだけで成立する。つまり、動作主が対象に働きかけた結果、対象物が動作主の手の内側に入るという意味で、身体部位である「手」が着点になってはいるが、使役移動自体は必須ではない。そのため、これらの動詞を着点動作主動詞とは区別して扱う。このように、身体部位を着点とする動詞は、その着点が手であるかまたはそれ以外の身体部位であるかによって大きく2種類に分けられる。こうして分類された2種類の動詞の意味拡張における方向性の相違についても検討する。

1.2　研究の目的

　本研究の目的は大きく5つある。

　Ⅰ．コーパスのデータに基づいて、着点動作主動詞の基本義と拡張義を詳細に分析し、これらの動詞には〈自分の領域へのモノの移動〉から〈不快な経験をする〉という拡張方向があると主張する。さらに、〈不快な経験をする〉という意味の発生は個別の動詞にある現象ではなく、着点動作主動詞全体にみられる現象であると論じる。これは、従来想定されていた「具体的→抽象的」や「客観→主観」の意味拡張の方向性より具体的なレベルでの例示となる。それと同時に、本研究で得られた方向性の一般化は、単一の概念領域ではなく、〈着衣〉〈視覚〉〈摂食〉など、複数の概念領域に適用されるものであることを示す。つまり、写像は〈着衣〉〈摂食〉〈負荷〉〈知覚〉といった概念領域別に行われるのではなく、複数の領域にまたがる〈自分の領

域へのモノの移動〉というイメージ・スキーマを起点として生じると考えられるのである。

　Ⅱ．着点動作主動詞という枠組みに入っているにも関わらず、意味拡張を行わない、或いは拡張はしても〈不快な経験をする〉という意味を持つに至らない動詞について考察を加え、写像の欠けについて議論する。〈自分の領域へのモノの移動〉から〈不快な経験をする〉へという意味拡張の方向性に従わない動詞の存在とその原因を明らかにすることにより、意味拡張の方向性をより正確に予測することが可能であることを示す。

　Ⅲ．着点動作主動詞以外の動詞(非着点動作主動詞)との比較によって、着点動作主動詞の意味拡張における拡張の方向性を確かめる。さらに、このような拡張方向を引き起こした認知的メカニズムを社会心理学、神経心理学などの観点から明らかにする。

　Ⅳ．着点動作主動詞と対応する使役動詞、および手が着点になる動詞の意味拡張を観察し、自身の自己領域と他者の自己領域の違い、または手と手以外の身体部位の違いといった要因が拡張の方向に影響するということを明らかにし、認知主体の主観性・身体性がいかに意味拡張に反映されるかを検証する。

　Ⅴ．着点動作主動詞にみられる、今まで指摘されてこなかったこのような方向性は、果たして日本語特有の現象であるかどうか、その普遍性を確かめるために、中国語、韓国語、英語などの言語の調査を行う。また、中国語を始め、一部の着点動作主動詞が意味拡張にとどまらず、受身標識や受身を表す接尾辞へと文法化するという意味変化の方向性を明らかにする。文法化のプロセスとその動機付けを明らかにすることで、何を文法化の起点領域とするかは偶発的なものではなく、一定の必然性と方向性がみられることを主張する。

1.3　本書の構成

本書は、11章から成る。

序論に続く第2章では、概念メタファーの写像の体系性および部分性、イメージ・スキーマの働き、フレームなど理論的背景としての認知意味論に関わる概念をいくつか明示する。また、意味拡張・意味変化の方向性に関する先行研究も概観する。最後に意味記述のための、多義語における基本義の認定、及び多義語における個別義の認定に触れる。

第3章では、着点動作主動詞の基本義を詳細に検討する。その上で、着点動作主動詞の基本義に共通する意味的性質をまとめる。また、先行研究で言われてきた「再帰動詞」との相違を明らかにする。

第4章においては、青空文庫や書き言葉均衡コーパス (BCCWJ) などのコーパスデータをもとに各動詞の拡張義を詳しく検討することで、着点動作主動詞の意味は、〈不快な経験をする〉という意味へと拡張する傾向にあるということを示す。また、着点動作主動詞であるにも関わらず、意味拡張を行わない、あるいは拡張はしても〈不快な経験をする〉という意味を持つに至らない動詞を考察し、その理由を説明する。そうすることで、意味拡張の方向性は予測可能であることを示す。さらに、「買う」「食う」など、「能力を買う」「ひんしゅくを買う」のように、主語にとって不利と有利という対照的な拡張義をあわせ持つ動詞について説明を行う。

第5章では、先行研究で論じられてきた、意味における「堕落的傾向」という言語現象と比較し、両者が異なる現象であることを確認する。さらに、非着点動作主動詞との比較を通して、〈不快な経験をする〉への拡張は、日本語動詞における一般的な傾向ではなく、着点動作主動詞特有の方向性であるということを確かめる。最後に、着点動作主動詞がなぜ〈不快な経験をする〉へと拡張する傾向にあるのか、その原因を探る。

第6章においては、《不快な経験は自己領域へのモノの移動である》というメタファーの写像の特徴について検討する。このメタファーの写像には、2つの側面において特殊性がみられる。まず1つ目は、写像が〈着衣〉〈摂

食〉〈負荷〉〈知覚〉といった概念領域別に（動詞類レベル）で行われるのではなく、複数の領域（動詞類）に共通する〈自分の領域へのモノの移動〉というイメージ・スキーマによって写像が決定されると考えられる点である。2つ目は、〈自分の領域へのモノの移動〉というイメージ・スキーマはこれまで多く議論されてきた単独のスキーマとは異なり、〈起点－経路－着点（SOURCE-PATH-GOAL）〉のスキーマと〈自己領域〉という特殊な〈容器（CONTAINER）〉のスキーマの融合であると考えられる点である。これらのスキーマを中心に、イメージ・スキーマの価値付与についても考察を行う。

　第7章では、着点動作主動詞と対応する使役動詞の意味拡張をみる。着点動作主動詞とその使役動詞のペアにおいて、着点動作主動詞は〈不快な経験をする〉という意味へ、対応する使役動詞は〈人に不快な経験をさせる〉という意味へ拡張する傾向がみられる。一見すると、〈（使役移動の「着点」にあたる）人が不快な経験をする〉という拡張の方向性があるかのようにみえるが、本研究では、着点動作主動詞の意味拡張に伴って、語形的に対応する使役動詞に類似の意味変化が起こった可能性が高いのではないかと考える。さらに、自身の自己領域と他者の自己領域の違いから意味拡張の違いについて説明を加える。

　第8章においては、動作主の身体部位が着点となる動詞に着目し、手、そして手以外の身体部位を着点とする動詞は、意味拡張において対照的な拡張方向を示すことを明らかにする。さらに、自己領域および身体部位における手の優位性から、なぜこのような違いが生じたのか、その原因を究明する。意味変化の方向性が着点となる身体部位によって異なるということは、言語の身体基盤性を裏付ける証拠になると考えられる。

　第9章では、着点動作主動詞の意味拡張にみられる方向性が日本語特有の現象であるかどうかを検証するために、中国語、韓国語、英語などの言語について調査を行う。

　第10章では、中国語を中心に、着点動作主動詞から受身標識（または受身を表す接尾辞）へという文法化の方向性を検証する。

結びの第 11 章では、結論と今後の課題について述べる。

注
1 受容を表すのに「授かる」もあるが、「子宝を授かる」のように「授かる」が表す移動は主語の意図によらないという点で考察対象から排除した。
2 または「主語が動作の影響を受ける」及び「使役移動が含まれる」という意味で「受影者主語使役移動動詞」と呼ぶこともできるだろう。
3 「履く」「吐く」「掃く」のような、同じ音形をしているが、意味間の派生関係が考えにくいものを同音異義語(homonym)と言い、多義と区別する。

第 2 章　研究背景

　序章で挙げた日本語の「お茶をのむ」と「条件をのむ」における「のむ」、また「飯をくう」と「パンチをくう」の「くう」などのような、意味が拡張することによって、1つの形式が2つ以上の意味を持つという多義現象は、どの言語においてもみられる。本研究は認知意味論という立場から多義を扱うものである。意味分析に入る前に、本章では、研究の理論的背景として、まず概念メタファー、イメージ・スキーマ、フレームなど、認知意味論に関わる概念について解説するとともに、意味拡張・変化の方向性に関する先行研究も概観する。最後に次章で行う意味記述のための、多義語における基本義の認定、及び個別義の認定に触れる。

2.1　理論背景

　多義語の意味間には何らかの心理的・歴史的関連性があるのが普通である (国広 1997: 209)。認知意味論においては、意味拡張の動機付けとして主にメタファーとメトニミーが挙げられ、多義性や意味拡張に重要な役割を果たしているとされている。本研究では、主にメタファーを用いるため、まずは概念メタファー及びイメージ・スキーマ、また語の分析に使用されるフレームなどの概念を解説する。

2.1.1　概念メタファー

　メタファー（隠喩）はレトリックの範疇において、言葉のあやや詩的表現と

して、修辞学、文学、哲学などの領域を中心に長い歴史にわたって注目されてきたが、言語学においては周辺的な存在としてしか扱われていなかった。このような状況は、Lakoff and Johnson (1980) を先駆とする研究の登場により一変した。メタファーは文学作品だけでなく、われわれが意識しないほど日常言語の至る所に遍在し、また言語表現のみならず、知覚、思考などの認知活動や行動の仕組みに大きく関わっているとされたのである。

　概念メタファーは習慣的に 'A IS B'（日本語では《A は B である》）という形で表記される。より基本的で理解の基盤となる概念領域は起点領域 (B)、そしてより抽象的で理解の対象となる概念領域は目標領域 (A) と呼ばれる。認知意味論において、起点領域というより具体的な概念領域の構造（イメージ・スキーマ）をより抽象的な目標領域へと写像が行われることによって起点領域が理解されると考える (Lakoff 1987, 1990, 1993a, Johnson 1987)。写像は起点領域と目標領域という2つの異なる概念領域にある要素の一連の対応関係が集まったまとまりである。これまで言語レベルとされてきた個々のメタファー表現は、言語の背後にある概念レベルでとらえなおされる。つまり、メタファーは、単に一方の形式で他方を表現するということばの問題ではなく、ある概念領域を別の概念領域をもって理解するという認知メカニズムである。

2.1.1.1　写像の体系性

　このような概念メタファーの写像には体系性が存在すると主張されている (Lakoff 1990, Lakoff 1993a; cf. Lakoff and Johnson 1980)[1]。例えば、THEORIES ARE BUILDINGS というメタファーは、起点領域の〈建物〉から目標領域の〈理論〉への写像であるとされ、写像関係が厳密に構造化され、そこには存在論的対応関係がみられることが指摘されている (Lakoff 1990)。以下の (1) から (5) のように、〈理論〉という概念領域は〈建物〉という概念領域とさまざまな側面で対応関係がみられる。

（1）　Is that the *foundation* of your theory?

(それがあなたの理論の土台ですか？)
（2） The theory needs more *support*.
(その理論にはもっと支えが必要だ。)
（3） Here are some more facts to *shore up* the theory.
(その理論を支える事実がもっとある。)
（4） The theory will *stand* or *fall* on the strength of that argument.
(その理論は議論の強さ次第で、（成り）立ちもするし、くずれ（落ち）もする。)
（5） So far we have put together only the *framework* of the theory.
(ここまでは理論の骨組みを組み立てたにすぎない。)

(Lakoff and Johnson 1980: 47)

2.1.1.2　写像の部分性及び制約

　概念メタファーに関しては、体系性と同時に、起点領域のすべての要素が目標領域に写像されるわけではないという写像の「部分性」も指摘されている（Lakoff 1993a; cf Lakoff and Johnson 1980）。

> It is important to see that the metaphorical structuring involved here is partial, not total. If it were total, one concept would actually be the other, not merely be understood in terms of it.　　(Lakoff and Johnson 1980: 13–14)

　例えば、上に挙げた THEORIES ARE BUILDINGS に関して、〈理論〉という概念に構造を与えるために使われている〈建物〉は基礎と外郭だけであって、屋根、部屋、階段、廊下といった部分は、〈理論〉という概念に構造を与えるものとして用いられてはいないと考えていた[2]。従って、《理論は建物である》というメタファーには、「使われる」部分（基礎と外郭）と「使われない部分」（部屋や階段など）があるわけである（Lakoff and Johnson 1980: 109）[3]。このような部分性に対して、Lakoff and Johnson (1980) は 2 つの説明を与えている。

1つ目は、「際立たせと隠し（highlighting and hiding）」として以下のように述べられている。

> The very systematicity that allows us to comprehend one aspect of a concept in terms of another (e.g., comprehending an aspect of arguing in terms of battle) will necessarily hide other aspects of the concept. In allowing us to focus on one aspect of a concept (e.g., the battling aspects of arguing), a metaphorical concept can keep us from focusing on other aspects of the concept that are inconsistent with that metaphor.
> （Lakoff and Johnson 1980: 10）

例えば、〈戦争〉という概念で〈議論〉という概念を理解しようとする時、議論における戦闘的側面が注目され、議論の中にある調和的側面は隠されることになる。また、ある概念はただ1つの別の概念によって理解されるのではなく、LOVE IS A JOURNEY, LOVE IS WAR, LOVE IS MADNESS などのように、常に幾つかのメタファーによって、異なる側面から理解される（Lakoff and Johnson 1980: 108）。

もう1つの説明は起点領域と目標領域の非対称性（asymmetry）であるとされている。つまり、起点領域は通常より具体的な概念領域であり、それに対して、目標領域は一般に具体性に乏しい概念領域であるため、起点領域は着点領域より多くの具体的な構成員が含まれる（Lakoff and Johnson 1980: 109）。

以上の説明から、写像が部分的であるということが分かる。しかし、どの部分が写像されるかについては明示されていない。Lakoff (1990) は，人間の概念体系と言語体系に関わる規則性を特徴付ける一般的原理として「不変化性仮説（invariance hypothesis）」を提案した。

> Metaphorical mappings preserve the cognitive topology (that is, the image-schema structure) of the source domain.
> （Lakoff 1990: 54; cf. Lakoff and Turner 1989, Johnson1990）

これはメタファー写像が起点領域の認知的トポロジー（イメージ・スキーマ構造）を保持するとする仮説である。

　一方、Turner（1991）では起点領域のイメージ・スキーマには目標領域に写像されないものがあることを指摘している。例えば、LOVE IS A JOURNEY という概念メタファーにおいて、〈旅〉の「岐路」は〈人生〉の「選択肢」と対応関係があり、旅における「岐路」は道の選択に関わらず存在するものの、人生の選択肢は選択した時点で残された選択肢が消えてしまうことが多い。Turner は、岐路の永続性が写像されないのは目標領域のイメージ・スキーマと齟齬があるからだ、と説明している。これは目標領域が内在的な構造をもたず、起点領域からの写像によって構造化されるという考えに大きな疑問符を投げかけるものである。

　これらの研究を受けて、Lakoff（1993a）では、不変性仮説に目標領域との整合性という観点から修正を入れ、「不変性の原則（invariance principle）」と改められた。

> Metaphorical mappings preserve the cognitive topology (that is, the image-schema structure) of the source domain, in a way consistent with the inherent structure of the target domain.　　　　　（Lakoff 1993a: 11）

この原則が主張するところは、メタファーによる写像は目標領域が内在的に持つ構造と矛盾を起こさない限り、起点領域のイメージ・スキーマ構造を保持するということである。「目標領域のイメージ・スキーマ構造の保持」という目標領域優先の原則（または「目標領域制約（target-domain override）」）が写像に制約がかかり、目標領域に合致しない起点領域の要素は写像が起こらない、とするのである。目標領域制約で、本研究で扱う一部の写像の欠けに対して説明を与えることができる。これは第 6 章において議論する。写像の欠けに関して、この目標領域の制約により、プライマリー・メタファー（primary metaphor）（Grady 1997）、過剰一般化（Clausner and Croft 1997, 黒田 2005）、複数の概念メタファーの合成と衝突（鍋島 2003, 2011）、語彙的経

済性の原則（松本 2006b）など、多くの議論がなされている。これらの研究については、関連する箇所で随所触れていく。

2.1.2　イメージ・スキーマ

　イメージ・スキーマは認知意味論における重要な概念の1つである。2.1.1 で触れたように、概念領域が持つ抽象的な構造はイメージ・スキーマと呼ばれ、メタファー写像は主にイメージ・スキーマの構造（及び推論）に関わる。
　イメージ・スキーマとは、人間が身体的、知覚的に繰り返す経験を通じて得た動的パターンのイメージである。イメージ・スキーマの形成という認知能力は言葉と概念構造の形成に先立って存在する。Mandler（1991, 1992, 2005）では、生後3ヶ月ぐらいの意味を理解する前の段階の子供が、知覚や運動感覚を通して作り上げたイメージ・スキーマ、特に移動と空間関係に関わる〈容器〉や〈経路〉といったスキーマを使って事物や事態を理解しているということが明らかにされている。
　意味分析において、イメージ・スキーマは最初、英語の前置詞の意味記述に用いられていた。前置詞、特に空間に関わる空間前置詞の in、on、over などは主に物体と物体の位置関係を表す。最も際立ちの大きいトラジェクター（trajector）と、その背景として二番目に際立ちの大きいランドマーク（landmark）とがあり（Langacker 1987）、トラジェクターとランドマークの位置関係はイメージ・スキーマで表すことができる。例えば、into は図1のように描かれる。設定された時間軸に沿って、はじめはランドマークの外部にあった（いた）トラジェクターが、時間の経過に伴い、ランドマークの内部へと移動し、最終的にはランドマークの内部に位置するというプロセスとして表される。
　初期のイメージ・スキーマは主に視覚に基づくものが多かったが、その後、Talmy（1985）の力動性（force dynamics）など、視覚で捉えられない物体間の力関係もイメージ・スキーマで表されるようになり、Johnson（1987）では、イメージ・スキーマという用語を、視覚的なスキーマにかかわらず、「行動、知覚、概念など日常的、具体的な経験のなかで繰り返し現れるパ

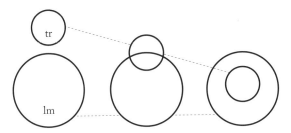

図1. into のイメージ・スキーマ（Langacker 2008: 127）
tr＝トラジェクター　lm＝ランドマーク

ターン、形、規則性」と定義されている。Lakoff（1987）においても、イメージという用語は視覚のみを意味するものではないと述べられている。

> The term image is not intended here to be limited to visual images. We also have auditory images, olfactory images, and images of how forces act upon us.　　　　　　　　　　　　　　　　　　　（Lakoff 1987: 444）

本研究においても、具体物の移動に限らず、視覚や聴覚、嗅覚または知識の伝達といった虚構移動のイメージ・スキーマを抽出する。本研究の研究対象となる着点動作主動詞のイメージ・スキーマは第3章で示す。

　具体的なイメージ・スキーマは、これまで主として論じられてきたものとして、〈上・下〉のスキーマ、〈部分・全体〉のスキーマ、〈中心・周辺〉のスキーマ、〈容器〉のスキーマ、〈経路〉のスキーマ、〈力〉のスキーマなどが挙げられる。これらのイメージ・スキーマは言語表現の拡張のプロセスを考察していく上で重要な役割を担う。これまでのところ、イメージ・スキーマの変換による意味拡張（image-schema transformation）（Lakoff 1987）、イメージ・スキーマの適用概念領域の変化による意味拡張（Lindner 1982）、イメージ・スキーマの背景化による意味拡張（山梨 2000）、などの議論がなされてきている。

　本研究で扱う着点動作主動詞の意味拡張にみられる写像は、従来議論されてきた単一概念領域間ではなく、複数の概念領域に共通して存在するイメー

ジ・スキーマによると考えられる。これは第 6 章において詳しく議論する。更に、イメージ・スキーマには客観的な事態だけではなく、認識主体である人間の心的態度も反映している。これについては価値付与と関連して第 6 章で触れる。

2.1.3　フレーム

　私たちが語の意味を理解する時、その語と何らかの関係のある経験、認識などを背景にして初めてその語を理解することができる。このような背景知識は百科事典的知識 (encyclopedic knowledge) と呼ばれ、語の意味の理解・記述のみならず、意味の拡張においても重要な役割を果たしている。認知意味論においては、百科事典的知識の役割はフレームという概念に現れている。

　フレームは人工知能に関する用語であり、Minsky (1975) によって提出されたが、Fillmore (1975) によって意味論の研究に持ち込まれ、使用されるようになった。Fillmore が提唱しているフレーム意味論では、言語は経験がカテゴリー化されたものだとされ、このようなカテゴリー化はわれわれの知識や経験を背景に動機付けられたものであるとされる。

> In the view I am presenting, words represent categorizations of experiences, and each of these categories is underlain by a motivating situation occurring against a background of knowledge and experience.　（Fillmore 1982: 112）

　こうした語と結び付いた背景的世界知識、また言語表現が喚起し、それを理解するための前提となるような知識構造は、その語のフレームと呼ばれる。語の意味が「部分」であるとすれば、フレームはこの「部分」を理解するための「全体」となる。

> By the term 'frame' I have in my mind any system of concepts related in such a way that to understand any one of them you have to understand the

whole structure in which it fits.　　　　　　　　（Fillmore 1982: 111）

　第 3 章で「買う」について論じる際に詳しく説明するが、buy, sell, charge, pay, spend などの動詞を理解するためには、売り買いのフレームを前提にしなければ理解することはできないはずである。このように、フレーム的な知識は語の意味を理解、また記述する際に大きな役割を果たすことになる。
　また、フレームに類似する概念として、理想化認知モデル（idealized cognitive models）（Lakoff 1987）やスクリプト（script）などが挙げられる。3 つの概念ともプロトタイプ効果と関連し、そのうちスクリプトは主に経験から抽出された時系列に沿った事象の連鎖に使われる傾向がある。

2.1.4　経験基盤
　認知意味論では、言葉はものや出来事、状況を客観的に表しているのではなく、言語主体の主観も反映し、言語には主観性が存在すると考えられている。また、言語主体としての人間は身体（知覚・運動装置、感情的気質など）を介して外界の環境と相互作用を有し、様々な経験をする。これは身体的経験（bodily experience）と呼ばれる（Lakoff 1987）。例えば、前と後ろといった空間概念は、人間の身体構造から生じており、私たちが現在持っているような身体を持っていなければ、そのような概念は存在しないとするのである。つまり、概念体系は人間の経験の産物であり、その経験は身体を通してなされ、身体性（embodiment）が反映されるのである。これは、「心が本来身体化されている（the mind is inherently embodied）」という主張で、長年の心身分離説に対する反発である（Lakoff and Johnson 1999）。
　メタファーも当然、身体的経験に動機付けられていると考えられている。

　　The metaphors are not arbitrary but are themselves motivated by structures
　　inhering in everyday bodily experience.　　　　　　　（Lakoff 1987: 275）

　メタファーの基盤に関して、Lakoff and Johnson（1980）においては、主に

「経験的類似性 (experiential similarity)」と「経験的共起性 (experiential co-occurrence)」とった日常経験に基づく「相関関係 (correlation)」が挙げられている。このような相関関係によって異なる概念が関連付けられ、メタファーが成立するとされている。

経験的類似性は、従来言われてきた客観的にすでに存在するもの (objective similarity, preexisting similarity) ではなく、認知主体の経験に基づく類似性である。経験的類似性は主に構造のメタファーを代表とするメタファーの基盤である。一方、経験的共起性は多くの方向性のメタファーの基盤となっている。例えば、MORE IS UP, LESS IS DOWN には、〈量の多少〉と〈かさの上下〉、つまり、物体の量が増えることに従って、嵩が高くなるという共起する経験が存在すると考えられる。

しかし、その後の研究は経験的共起性を重視する傾向にあり、Lakoff (1993a) では、メタファーが、類似性より、私たちの経験における共起関係に基づくものが多いと述べている。

> Metaphor is mostly based on correspondences in our experiences, rather than on similarity. (Lakoff 1993a: 40)

このような共起性重視の傾向は、Grady (1997) において最も顕著にみられる。Grady (1997) では、THEORIES ARE BUILDINGS など、経験的基盤が欠如しているメタファーは少なくないと指摘している。また、Lakoff らの概念メタファーをプライマリー・メタファー (primary metaphor)(または基本メタファー)に分解するという解決策を提出した。プライマリー・メタファーとは、直接的な経験基盤があり、それによって言語的データを動機付けできる(ギャップがない)メタファーとされている。これにより、今まで論じられてきたメタファーは、プライマリー・メタファーと、複数のプライマリー・メタファーの合成である複合的メタファー (compositional metaphor) とに大別される。

その後、経験的共起性を見直す研究が増え、Grady (1999) においても、

Achilles is a lion といった種類のメタファーについて、アキレスとライオンが共有している〈勇敢さ(COURAGE)〉が動機付けであり、これを類似性に基づくメタファーとして、相関関係に基づくプライマリー・メタファーと区別している[4]。

2.2 意味拡張・意味変化の方向性

本節では、本研究の目的の1つである意味拡張・意味変化の方向性に関する今までの研究に触れる。

2.2.1 認知意味論以前の意味拡張・意味変化の方向性

意味変化・意味拡張の方向性に関しては、認知意味論以前にも多くの成果が挙げられていた。共感覚についての研究はその代表例の1つである(Stern 1931, Ullmann 1957, Williams 1976など)。

Williams (1976)は、すべての言語において、もっともよくみられる比喩的転移は共感覚の転移であるとしている。これは、dull colors, brilliant sounds, sharp tastes, sour music のような、ある種の感覚に属する語彙がその他の種類の感覚に用いられる現象である。

> One of the most common types of metaphoric transfer in all languages is synaesthesia — the transfer of a lexeme from one sensory area to another.
> (Williams 1976: 463)

Ullmann (1957)では、19世紀ロマン派詩人11名(そのうち、イギリス人8名、アメリカ人1名、フランス人2名)の作品から共感覚表現を収集し、統計的分析を行った結果、共感覚表現における転用(共感覚比喩)には、一定の方向性があることが示されている。Ullmann は、「転移は感覚中枢脳の下域から上域へ、あまり分化していない感覚から一層分化しているものへ昇っていく傾向があり、その逆ではない」と述べている。簡単に言うと、触覚⇒

味覚⇒嗅覚⇒聴覚⇒視覚という一方向性である。

　Ullmann (1957) の研究を受け継ぎ、Williams (1976) は、OED, MED など の辞書をたよりに、英語の共感覚形容詞の通時的意味変化を観察し、図2の ような、他言語にも適用可能な普遍性を持ちうる「一方向性の仮説」を主張 している。英語などのインド・ヨーロッパ語族だけではなく、日本語におい ても91%という高い割合で図2の方向性が確認されている。

図2.　共感覚比喩の一方向 (Williams 1976: 463)

もちろん例外の存在も認められているが、図2の方向性に違反する比喩に 関して、その新しい意味は、現代英語において定着しないとWilliamsは述 べている。

> If a lexeme transfers against the predicted pattern, that new meaning does not tend to maintain itself in what I shall loosely term 'Modern Standard English'.　　　　　　　　　　　　　　　　　　　　(Williams 1976: 464)

　上に挙げた研究は主に感覚形容詞を対象にしているが、Viberg (1983) は、 感覚動詞を考察し、類型論的立場から世界の14の語系、53種類の言語を対 象に調査を行い、以下のようなヒエラルキーを提示した。

> The modality hierarchy: sight > hearing > touch > smell / taste

ヒエラルキーの上(左)に行けば行くほど、その拡張的な意味は下(右)の感覚 をカバーできるということが述べられている。Vibergは、視覚がヒエラル キーの最上位に位置し、それ以外の感覚を表わすことができることを数多く の言語で実証した。英語においては、(6)のような表現が挙げられている。

（6）a. Peter *listened to* the record to *see* if it was well recorded.
　　b. Peter *felt* the cloth to *see* how smooth it was.
　　c. Peter *tasted* the food to *see* if he could eat it.
　　d. Peter *smelled* the soup to *see* if it contained garlic.

(Viberg 1983: 140)

　視覚の see は、聴覚(6a)、触覚(6b)、味覚(6c)、嗅覚(6d)において使用されている。このような共感覚研究の成果は第4章において、知覚における視覚の優位性の言語的証拠であるとみなすことができる。

　意味拡張・意味変化の方向性に関して、共感覚比喩の他に、Ullmann (1962) は「擬人法的隠喩」について議論する際、the ribs (〈肋骨〉) of a vault (〈円天井のリブ〉), the mouth (〈口〉) of the river (〈河口〉), the lungs (〈肺〉) of a town (〈町の空地〉), the heart (〈心臓〉) of the matter (〈問題の核心〉) などのように、人間の身体部位で無生物を表す言語表現が数多くあることを指摘している。これと反対方向の比喩、例えば、apple (りんご) of the eye 〈瞳〉, eardrum (太鼓の)〈鼓膜〉などは数が少ない。一般的に言って、身体部位「から」の隠喩のほうが、身体部位「に向かって」の隠喩よりもはるかに普通のようであると Ullmann は述べている。これも前述した身体性基盤の反映であると考えられる。

　Ullmann (1962) では、共感覚表現や擬人化に限らず、諸事物をメタファーによって、より具体的で経験上基本的なものに喩えるという一定の方向性があるとされている。これらの研究は後の認知意味論につながってくる。

　更に、意味変化、特に語彙の評価的意味の変化については、意味の「堕落的傾向 (pejoration)」[5] (Bréal 1964 [1897] [6], Schreuder 1929, Stern 1931, Ullmann 1957, 1962 など) という注目を集めていた言語現象がある。これは、本来プラスの意味、または中立的な意味を持っていた語において、そのプラスの意味が消失したり、場合によってはマイナスの意味に転化したりするという意味変化である。

i. The **acquisition of evaluatively negative components**, i.e., the semantic structure of a lexical item x which lacks evaluatively negative elements is, at one point of its history, associated with evaluatively negative components.
ii. The **loss of evaluatively positive components** from the semantic structure of x, i.e., evaluatively positive components present at one stage in the semantic structure of a lexical item are lost at certain point of time.

(Kleparski 1990: 48)

　例えば、英語の silly という語は、OE では〈幸せな〉というポジティブな意味であったが、現在は、〈(人が)愚かな〉という非常に軽蔑性の高い意味になっている。日本語においてもこのような変化を経てきたとみられる語が多数存在する。例えば、「田舎者」という語は、〈田舎に住んでいる、或いは田舎育ちの人〉を指す中立な意味であったが、現在では、田舎に住んでいる、或いは田舎育ちの人を軽蔑する語、または、〈物を知らないかしつけが悪く粗野な人〉などのようにネガティブな意味で使われている。
　本研究で論じる〈不快な経験をする〉への意味拡張は、「堕落的傾向」と一見類似しているようにみえる。しかし、第5章において、両者の詳細な比較を行い、〈不快な経験をする〉への拡張は「堕落的傾向」と異なる現象であることを明らかにする。

2.2.2　メタファーにおける方向性

　従来のメタファーの定義では、メタファー(または比喩)は喩えるものと喩えられるものの間にある客観的な類似性に基づくものであるとみなされていた。類似性に基づくとすると、喩えるものと喩えられるものには対称的関係が存在すると考えられる。しかし、(7)と(8)の文から分かるように、喩えるものと喩えられるものを入れ替えると、同じ解釈にはならない。

(7) a.（辛い職場と居心地の良い家に対して）職場は地獄で、家は天国だ。

b. 地獄は職場で、天国は家だ。
（8）a. （鼻が長いフランス人を見て）フランス人はピノキオだ。
　　b. ピノキオはフランス人だ。

　概念領域間の写像とみなされる概念メタファーにおける写像の方向に関しては一方向性があると指摘されている（Lakoff 1987, 1993a）。

> First, we have suggested that there is directionality in metaphor, that is, that we understand one concept in terms of another. Specifically, we tend to structure the less concrete and inherently vaguer concepts（like those for the emotions）in terms of more concrete concepts, which are more clearly delineated in our experience. 　　　　（Lakoff and Johnson 1980: 112）
> Metaphor allows us to understand a relatively abstract or inherently unstructured subject matter in terms of a more concrete, or at least a more highly structured subject matter. 　　　　　　　　（Lakoff 1993a: 40）

　つまり、起点領域という、より具体的な概念領域の概念構造（イメージ・スキーマ）を目標領域へ写像し、それによってより抽象的な目標領域を理解する（Lakoff 1987, 1990, 1993a, Johnson 1987）。このように、メタファーの写像は「非対称的（asymmetric）」と考えられる（Lakoff 1993a）。非対称的とは、起点領域から目標領域への写像であり、逆方向の写像は行われないということである。これは上で述べた「身体性基盤」に基づくものである。つまり、メタファーによる拡張は無制限に行われるのではなく、身体経験を通して直接的に得られる概念に基づき、身体経験で得られない抽象的な概念を認識するために行われるのである。
　Kövecses（2002）では、起点領域と目標領域の対応関係は考察されていないものの、起点領域になりやすいものと目標領域になりやすいものがリスト化されている。前者には、人間の身体、健康と病気、動物、植物など、後者には、感情、道徳、志向、人間関係などが挙げられている。

2.2.3 メトニミーにおける方向性

メタファーだけでなく、メトニミーにも方向性があると指摘されている。

Langacker (1993) では、「参照点構造 (reference-point construction)」という概念を取り上げ、メトニミーを含む多くの言語現象において、「参照点構造」という心的操作が関与していると指摘した。

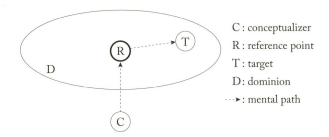

図 3. 参照点構造 (Langacker 1993: 6)

これは、概念化者 (C) が目標物 (T) の位置を知るために、参照点 (R) との関係でその位置を定位するという心的プロセスである。メトニミーに関しては、以下のように、認知的際立ちに関する原則を立て、認知的際立ちの高いほうが参照点になりすいと述べてられている。

(9) human＞non-human（人間が人間以外のものより際立つ）
　　whole＞part（全体が部分より際立つ）
　　concrete＞abstract（具体的なものが抽象的なものより際立つ）
　　visible＞invisible（可視なものが不可視なものより際立つ）

Radden and Kövecses (1999) においては、際立ちについての更に詳細な記述がなされている。

(10) a.　人間の経験 (human experience)
　　　　human over non-human（人間が人間以外のものより選択されやすい）

subjective over objective（主観的なものが客観的なものより選択されやすい）

concrete over abstract（具体的なものが抽象的なものより選択されやすい）

interactional over non-interactional（相互作用的なものがそうでないものより選択されやすい）

functional over non-functional（機能を果たしているものはそうでないものより選択されやすい）

b. 知覚的選択（perceptual selectivity）

immediate over non-immediate（直接的なものがそうでないものより選択されやすい）

occurrent over non-occurrent（現在起きていることがそうでないものより選択されやすい）

more over less（多いものが少ないものより選択されやすい）

dominant over less dominant（より優勢なものが選択されやすい）

good gestalt over poor gestalt（ゲシュタルト性の良いものが選択されやすい）

bounded over unbounded（境界のあるものがそうでないものより選択されやすい）

specific over generic（特殊なものが総称的なものより選択されやすい）

c. 文化的選択（cultural preferences）

stereotypical over nonstereotypical（ステレオタイプ的なものはそうでないものより選択されやすい）

ideal over non-ideal（理想的なものが非理想的なものより選択されやすい）

typical over non-typical（典型的なものが非典型的なものより選択されやすい）

central over peripheral（中心的なものが周辺的なものより選択されや

すい)
initial or final over middle（首尾のものが中間のものより選択されやすい)
basic over non-basic（基本的なものが非基本的なものより選択されやすい)
important over less important（より重要なものが選択されやすい)
common over less common（より一般的なものが選択されやすい)
rare over less rare（より稀なものが選択されやすい)

以上の原則でメトニミーの非対称性が説明できるようになるが、原則間の相互関係はどうなっているのか、また、どの原則がより優先されるか、などの課題が残っており、検証が待たれている。

　また、メトニミーは特定のフレームの中での関連性に基づくことから（Radden and Kövecses 1999, 松本 2009, 2010; cf. Croft 2009)、特定のフレームに依存している意味があれば、そちらの方が派生的だと考えられる（松本 2009)。例えば、「見る」に〈視覚的に捉える〉という意味の他に、〈診察する〉という意味もある。〈診察する〉という意味は医師の診療のフレームにおいて、患者の様子をみることと診察行為を行うことの共起関係によるが、〈視覚的に捉える〉は診察以外のフレームにおいても行われるため、医者の診療という特定のフレームに依存している〈診察する〉の意味のほうが派生的であると述べられている（松本 2009: 91, 2010: 33)。Croft (2009) においても、同じ語が異なるフレームにおいて意味が違うと指摘し、chicken, lamb は ANIMAL のフレームにおいてはニワトリや子羊を指すが、FOOD というフレームにおいてはそれぞれ鳥肉や子羊の肉を指すようになると述べている。

　本研究では、「買う」など一部の動詞において、フレーム内におけるメトニミー的拡張がみられることを、第4章において詳しく議論する。

2.2.4　文法化における意味変化の方向性

　言語変化の1つとして文法化というものがある。これはものや出来事を表す名詞や動詞など自立性を持つ内容語（content word）が、文法機能を担う助動詞や前置詞になったり、文法要素がより文法的になったりする変化である（Traugott 1982, Sweetser 1988, Heine et al. 1991, Bybee, Perkins, and Pagliuca 1994）。

　文法化に関しては、音韻、形態統語、意味などさまざまな側面から変化の方向性に関する規則性が論じられている。これまでの研究では、lexical item＞syntax＞morphology（Hopper and Traugott 1993: 95）、content item＞grammatical word＞clitic＞inflectional affix（Hopper and Traugott 1993）などの方向性が提示されている。これらの変化は基本的に一方向的（unidirectional）であるとされている。

　意味の側面に関しては、Sweetser（1990）のモダリティ表現に関する「義務的モダリティ（deontic modality）＞認識的モダリティ（epistemic modality）」という方向性や、更に、Heine et al.（1991）においては、(11)のような方向性が指摘されている。

(11)　人（PERSON）＞対象物（OBJECT）＞活動（ACTIVITY）＞空間（SPACE）＞時間（TIME）＞質（QUALITY）　　（Heine et al. 1991: 157）

(11)の方向性に関して、最も議論されてきたのは、身体部位詞から空間接辞詞への文法化である（Heine et al. 1991, Matsumoto 1999）。

　意味変化の一般的傾向として、「主観化（subjectification）」と呼ばれる現象が指摘されている。Traugott（1982）は以下のような変化のプロセスを提示し、その逆は稀であると指摘している。

(12)　propositional＞（textual）＞（expressive）　　（Traugott 1982: 253）

つまり、文法化に伴い、意味は「指示的・命題的な意味から感情表出的・対

人的な意味へ」、という「客観的なものからより主観的な方向へ」と変化するというのである。Traugott (1989) はこれに関して以下のようにより詳細に規定している。

(13)　Semantic-Pragmatic Tendency I: Meaning based in the external world described situation＞meaning based in the internal (evaluative/ perceptual/ cognitive) world described situation

　　　Semantic-Pragmatic Tendency II: Meaning based in the external or internal world described situation＞meaning based in the textual situation.

　　　Semantic-Pragmatic Tendency III: Meaning tend to become increasingly situated in the speaker' subjective belief- state/ attitude toward the situation.　　　　　　　　　　　　　　　　　　(Traugott 1989: 34)

　具体例として、英語の 'at that time' の意味を表す while (OE では pa hwile pe) が 'during' という意味を経て、'although' という意味を表すようになるという通時的な意味変化のプロセスが挙げられている。その文法化は以下のような過程を経ているとされる。

(14)　Old English (OE)　　　　　**pa hwile pe**　　'at that time'
　　　Middle English (ME)　　　**while**　　　　　'during'
　　　Present Day English (PDE)　**while**　　　　　'although'

'pa hwile pe はもともと 'at that time' という意味で、ある時間を指し、確認できる客観状況に対する描写であったが、中世英語になると 'during' という意味に変化し、ある時間帯に何かが起こるという外界における関連事象の時間的関係性を表すようになり、同時に文と文を連結するテキスト的役割も担うようになった。その後 'although' という意味を表すようになり、客

観的描写ではなく、話者の態度を表す機能を担うようになった。

このような変化の方向性の決定に関して、Bybee, Perkins and Pagliuca (1994) は、「起点領域決定仮説 (source determination hypothesis)」という仮説を立てている。

> The actual meaning of the construction that enters into grammaticization uniquely determines the path that grammaticization follows and, consequently, the resulting grammatical meaning.
>
> (Bybee, Perkins, and Pagliuca 1994: 9)

つまり、ある形式が語彙項目から文法項目へと文法化する時、語彙項目の意味が、文法化の進む軌道、及び文法化の結果としての文法項目の意味を決定するという内容の仮説である。

また、Traugott and Dasher (2002) は、文法化の起点概念 (source concept) になるものは具体物、プロセス、ロケーションなどがあり、基本語彙 (basic vocabulary) と平行しているものが多く、人間の最も基本的な経験を表すと述べている。

本研究では、第9章において、中国語や韓国語における着点動作主動詞の文法化について論じ、着点動作主動詞の文法化にみられる方向性を探る。語彙項目である動詞としての意味と文法項目としての意味、及び両者の関連性を明らかにすることで、何を起点領域とするか、またどのような方向性があるのかは偶発的ではなく、一定の必然性があるということを例証する。

2.3　多義語における基本義の認定

本節では、多義語の複数の意味のうち、どの意味を基本義として認定するのか、その認定基準について検討する。

多義語おいては、最も基本的な意味と、そこから派生された他の意味があるとされてきた。最も基本的な意味は、基本義、プロトタイプ的意味 (prototypical meaning）または中心義などと呼ばれている。基本義の認定は、認知意味論において大きな研究課題となっており、これまで様々な認定基準が提案されてきた。

　Tyler and Evans (2003) では、第一義の選択にあたっての恣意性を減らすために有意義であると思われる証拠として、大きく言語的証拠と経験的証拠の2種類があると主張している。また、これは単一の証拠が決定的な基準となるのではなく、収束的証拠 (converging evidence) であるとする。Tyler and Evans (2003) は、英語の前置詞を扱った研究であり、前置詞の意味分析に偏重しているとも言えるが、言語的証拠として、(a) 文献的証拠のある最も古い意味、(b) 意味ネットワークにおける優勢、(c) 複語の中での使用 (cf. Langacker 1987)、(d) 他の空間辞との関係、(e) 文法的予測 (cf. Langacker 1987) の5つを挙げている。また、経験的証拠とは、実験的検証を行うことであるとしている。

　Tyler and Evans (2003) 以外に、籾山 (2002)、籾山・深田 (2003)、瀬戸 (2007) でも基本義の認定基準について述べられているが、これらの研究も先ほど引用した言語的証拠と同様、単独な基準ではなく、収束的証拠である。

　籾山 (2002)、籾山・深田 (2003) では、「複数の意味のなかで最も基本的なもののことであり、基本的であるということは、最も確立されていて、認知的際だちが高く、中立的なコンテクストで最も活性化されやすいといった特徴を有するということである」と述べている。例として、時間と空間の両方の意味を持つ「あたり」が挙げられている。(15a) と (15b) は「あたり」の空間領域の意味で、(16a) と (16b) は時間領域の意味の例である。

(15) a.　あたりは静まりかえっていた。

　　 b.　私が住んでいるあたりはまだ緑がたくさん残っている。

(16) a.　会議が始めてもう2時間になりますので、このあたりで一休みしましょう。

　　 b.　*会議を始めてもう2時間になりますので、あたりで一休みしましょ

う。　　　　　　　　　　　　　　　　　　（籾山・深田 2003: 143）

「あたり」は空間領域内において、修飾要素があってもなくても成立するが、時間領域においては修飾要素が必須になる。つまり、修飾要素の有無という観点からみて、空間的意味の場合、制約がないのに対して、時間的意味の場合は制約があるということが分かり、空間的意味のほうが「あたり」のプロトタイプ的意味であると判断できるということである。プロトタイプの認定に関して、用法上制約がない、あるいは制約が相対的に少ない意味をプロトタイプ的意味と認定し、用法上制約がある意味を非プロトタイプ的意味と認定するという主張である。

　瀬戸（2007）においても、（ⅰ）文字通りの意味である、（ⅱ）関連する他の意味を理解する上での前提となる、（ⅲ）具体性（身体性）を持つ、（ⅳ）認知されやすい、（ⅴ）用法上の制約を受けにくい、（ⅵ）意味展開の起点（接点）となる、（ⅶ）言語習得の早い段階で獲得される、（ⅷ）使用頻度が高い、といった意味的特徴が挙げられている。

　上に挙げた認定基準は、基本義（または中心義）を大きく2つの異なる観点からとらえている。1つは通時的な観点で、例えば、「文献的証拠のある最も古い意味」(Tyler and Evans 2003) や「意味展開の起点となる」（瀬戸 2007）などがそれである。一方、「最も確立されていて、認知的際だちが高い」（籾山・深田 2003）や「使用頻度が高い」（瀬戸 2007）は共時的な観点となる。松本（2009）では、日本語の「より」を例に挙げ、歴史的に最初の意味と、意味的派生によって定義される中心的意味がずれている場合もあると指摘し、中心義に典型性を認めている。中心義における典型性とは、語の中心的意味には二種類の中心性、つまり「概念的中心性」と「機能的中心性」があり、この両方を併せ持った中心的意味が、典型的な中心的意味であるという。「概念的中心性」とは、「言語話者の概念化の観点からすれば、心的辞書の多義語の構造において、他の個別的意味の派生の基盤となるような、概念的に最も基本的な意味」が持つ特性であり、また「機能的中心性」とは、「言語話者の伝達活動の観点からすれば、一番よくアクセスする意味が持つ

特性である」とされる。このような2つの中心性が一致する場合は、典型的な中心的意味となる。例えば、日本語の「長い」には空間的な長さの意味と時間的な長さの意味があるが、空間的な長さのほうが、概念的中心性と機能的中心性の両方の意味特性を併せ持っていることから、典型的な中心的意味であると言える。一方、2つが一致しない場合は、両方の中心性を持つ典型的な中心的意味が存在せず、2つの非典型的な中心的意味があることになるとされる。「いだく」、「歩む」、「長々と」、「担う」、lengthy, profound などがそれである。

　多くの場合、概念的中心義と機能的中心義は一致するが、常に一致するというわけではない。本研究は語の意味拡張を扱うが、多義語すべての意味を検討し、意味ネットワークを構築することが目的ではない。最も重要なのは、基本義と拡張義、そして基本義から拡張義への派生過程である。そのため、概念的中心義と機能的中心義が一致しない場合は、概念的中心義をもって語の基本義として認定する。

2.4　多義語における個別義の認定

　認知言語学の発展に伴い、語の多義性に関する研究が盛んになってきているが、多義語の個別義の認定基準についての研究はそれほどみられず、意味の認定は客観性を欠くと言っても過言ではない。具体例を挙げると、日本語の「見る」という動詞に対して、森田（1989）は6つの意味があると述べている。

(17) ①視覚的に対象や環境を把握する行為。
　　 ②知覚行為として把握する。
　　 ③推定的な判断を下ろす。
　　 ④自ずと理解する、知る、わかる。
　　 ⑤世話をし、悪い点や箇所を直す行為。
　　 ⑥他者への介入ではなく、自身や当人の経験行為としてある状態を体験

すること。

一方、小泉他(1989)は、「見る」の意味を10に分けて記述している。

(18) ①視覚で物の形や色などを知覚する。
②勉強や娯楽として、各種の催し物や名所を見物する。
③書類などに目を通したり、調べたりする。
④舌や手などを使って味・温度・物の状態などを調べる。
⑤相手の反応や状況がどうであるかを探る。
⑥仕事や、何かの世話などを責任をもって引き受けたり、監督したりする。
⑦医者が患者を診察する。
⑧何かを予測する。
⑨様子・状況から考えて、ある判断を下す。
⑩いろいろやってみた結果、ある局面に達する。

このように、個別義の認定は研究者の主観的判断に委ねられているのが現状である。

Tyler and Evans(2003)では、主観性を最小限に留めるための方法論として、独立義(distinct sense)を判定するための2つの基準を提案している。1つ目の基準は「ある意義を独立義であると認めるためには、その語と結びついている他のいかなる意義にも含まれないような別の意味が含まれていなければならない」というものであり、2つ目は「文脈から独立した意義の例がなければならない」というものである。しかし、実際の意味分析においては、認定するのに非常に困難な場合もあり、このような基準を適用しにくいことも想定される。

その他、個別義を認定するためのテストとして、分離テスト(Quine 1960、松本2010)と統合テスト(松本2010)がある。分離テストの代表的なものとして、同じ形式で異なる意味を持つ語を同一の文で用い、一方を肯定

して他方を否定することが可能かどうかを判別するというテストがある。例えば dog という語には、〈犬〉と〈雄犬〉という2つの意味があるため、(19)のように同一の文において一方を肯定すると同時にもう一方を否定することが可能である。また、同じことが多義語である「学校」という語についても言える。

(19) Lady is a dog but she is not a dog (but a bitch).
(20) 学校(＝校舎)がなくても学校(＝授業)はある。　　　　（松本 2010: 25）

　統合テストとは、2つの意味の統合が可能かどうかを判別するテストである。「同時使用」がその代表的なもので、1つの語に2つの異なる意味を同時に担わせることができないことを利用して、個別義と認定可能かどうかを判別するテストである（松本 2010）。例えば、「打つ」は〈腕を振って、手あるいは手に持つ道具で、［他の物体に］物理的なダメージを与える〉という意味と、〈［作戦などを］講じる〉という2つの意味を持っている。この2つの意味を1つに統合することが可能かどうかを判定するために統合テストを行うと、以下の例からも分かるとおり、容認度が非常に低い。つまり、これら2つの意味は独立したものであり、統合することができないということを物語っている。

(21) a. *太郎は、次郎の頬と次の対策を打った。
　　 b. ??次の対策は、次郎の頬と同じぐらい、打つのが難しい。
　　　　　　　　　　　　　　　　　　　　　　　　（松本 2010: 26）

　先に挙げた「見る」に関しては、森田(1989)では、〈視覚的対象や環境を把握する行為〉という意味を表すものとして(22)を、また〈知覚行為として把握する〉という意味に対しては(23)の文を挙げられている。

(22) a.　夢を見る。

b.　早朝、発熱を見る。
(23) a.　世の中の情勢を見る。
　　　b.　脈をみる。　　　　　　　　　　　　　　　（森田 1989:1095）

しかし、(24) から分かるように、(22a) と (22b)、また (23a) 及び (23b) は統合することが難しい。したがって、これらの a と b の文における「見る」を意味は 1 つにまとめず、別義として認定したほうが良いと考えられる。

(24) a. ??情勢と脈をみる。
　　 b. *早朝、夢と発熱をみた。

　本研究において、動詞の意味を個別義として認定するか否かの判断が明確でない場合、以上のような言語テストを応用して、判断の基準とする。

注
1　Lakoff and Johnson (1980) は、起点領域と目標領域の対応関係の体系性を論じているが、「写像」という用語は使用していない。
2　Lakoff and Johnson (1980) や Lakoff (1990) では、着点領域は元々構造を持たず、メタファーによって、起点領域より構造が与えられるとした。しかし、のちの Turner (1991) などの研究を受け入れ、Lakoff (1993a) では、着点領域にも固有の構造を持つと改められている。詳細は後の「不変化性仮説」と「不変化性原理」にて説明する。
3　体系を成す概念メタファーの「使われない部分」を使ってのメタファー表現 (e.g. His theory has thousands of little rooms and long winding corridors) は「想像力による表現 (figurative or imaginative language)」とされている。これは言語活動や思考において体系的に使われず、孤立して存在し、他のメタファーから成る概念と体系的な関連を成さない「死んだメタファー」と区別されている (Lakoff and Johnson 1980: 52–55)。
4　Grady (1999) においては、「類似性」という意味を表すのに、similarity ではなく、resemblance という用語が使用されている。なお、類似性と共起性について議論し

た研究として、谷口 (2003a)、鍋島 (2011) が挙げられる。
5　pejoration の他に、deterioration、derogation、worsening などの用語も使われている。
6　Bréal (1897) はフランス語で書かれ、英訳は 1900 年が初出である。本研究では 1964 年版の英訳を参考にしている。

第 3 章　着点動作主動詞の基本義の性質

　本章においては、まず着点動作主動詞の基本義を詳細に分析する。そのうえで、着点動作主動詞の基本義に共通してみられる意味的性質をまとめ、先行研究で言われてきた「再帰動詞」などの概念との相違を明らかにする。

3.1　着点動作主動詞の基本義

　序章で述べたように、着点動作主動詞には、着衣、摂食、負荷、知覚など、いくつかの下位動詞グループが含まれる。まずはその 1 つである着衣動詞から基本義の分析を行っていく。

3.1.1　着衣動詞

　「着る」「かぶる」「はく」などの動詞は、衣服を自分の身体に移動させる動作を表すため、本研究でいう着点動作主動詞に属する。

　着衣動詞について、影山 (1980) などの先行研究では「主要的着衣動詞」と「二次的着衣動詞」という区別がなされている[1]。影山 (1980) に従うと、日本語において、「主要的着衣動詞」は「着る」「かぶる」「はく」をその典型とし、その意味は次の 3 つの基準で特徴付けられるとされる。

（1）a.　対象物が衣類である。
　　 b.　特定の身体部分が関与する。
　　 c.　(話者によっては) 特定の動作様態が要求される。　　（影山 1980: 78）

一方、二次的着衣動詞には(2)のようなものがある。

(2) a. つける／はずす・とる：腕時計、ブローチ、イヤリング、ペンダント、ブラジャー、マスク、イヤホーン
　　b. かける／はずす・とる：眼鏡、たすき、エプロン
　　c. しめる／はずす・とる：ネクタイ、帯、ベルト、はちまき
　　d. はめる／はずす・とる：手袋、指輪、ブレスレット
　　e. 巻く／はずす・とる　：マフラー、スカーフ
　　f. する　　　　　　　　：腕時計、ブローチ、眼鏡、ネクタイ、手袋、マフラー

これらの動詞は、以下の3点で、その〈着衣〉の意味が二次的であるとされている。

(3) a. 目的語が CLOTHES に限られない（「ロープを結ぶ」）；
　　b. 取り付けが身体に限定されない（「壁に額をかける」）；
　　c. 身体部分が動作主に限定されない（「お父さんのネクタイをしめてあげる」）
　　　　　　　　　　　　　　　　　　　　　　　　　（影山 1980: 92）

本研究でいう「着衣動詞」は「着る、かぶる、こうむる、はく、まとう」を指し、「主要的着衣動詞」という意味である。「二次的着衣動詞」は(3c)のような、着点が必ずしも動作主とは限らないというのが主な原因で、本研究から除外する。以下では、(1)に挙げた「着衣動詞」における3つの基準について詳しくみていく。

影山(1980)は、まず(1a)の特徴について、対象物が「衣類」であるという特徴の本質的な問題は、「服、ズボン、くつ、帽子」といった特定の名詞ではなく、対象物の持つ衣類としての機能にあると述べている。例えば、シャツをロープの代わりに用いて人を縛る時、「その人にシャツを着せる」という表現が成立しないのは、シャツは身体に付けられてはいるが、衣類と

しての役割を果たしていないからである。一方、日本人には普通「衣服」としてみなされない物でも、衣類としての機能を持つ限りは「着る」などの使用が可能である。この2つの面から考えて、影山(1980)では、「衣類」を〈保護、装飾を本来的目的として人体に着けられるべく製作された物体〉と定義した。衣類のうち、上着、ズボン、スカート、靴、帽子などは衣類という概念の中心的具現で、包帯、ネクタイ、指輪などは末梢的な存在とし、前者を主要衣類(MAJOR CLOTHES)、また後者を二次的衣類(MINOR CLOTHES)とし、主要衣類のみが、「着る」「かぶる」「はく」と結合するとしている。

次に、(1b)の身体部位に関して、「はく」は下半身(影山(1980)では「足」という用語を使っている)に、「かぶる」は頭部に、そして「着る」は胴体に、それぞれ衣類をつけるが、スーツのズボンをはいている時は、「*スーツをはく」とは言えず、「着る」という動詞を使うことから、「着る」は必ずしも胴体に限定されているものではないとしている。スーツ、ワンピース、パジャマ、オーバーオール、フード(付き)ヤッケなどは「着る」を使うことから、影山(1980)では、以下のように、Gruber(1976)のPrinciple of disjunctive delimitationを修正し、「特定項目優先の条件」を導入して分析を行った[2]。

> 最小指定の条件を満たす2個の語彙項目P、Qが存在する場合、ある基本範疇についてPの指定の方がQの指定より多ければ、PがQに優先して語彙挿入を受ける。足だけの「はく」と頭だけの「かぶる」がより優先されるが、その以外の場合は「着る」の使用範囲になる。
>
> (影山 1980: 33)

つまり、頭だけが指定されると「かぶる」、足だけが指定されると「はく」が使用されるが、それ以外の場合(胴体のみ、胴体+頭、胴体+足)には「着る」が使用されると考えるのがよいということである。以下はその3者の分担関係である。

図1.「着る・はく・かぶる」の分担（影山 1980: 84）

　また、(1c)の「動作様態」については、「はく」は〈足を通して〉、「かぶる」は〈頭(首)を入れる〉という動作を伴うが、的確に捉えるのが難しいのは「着る」で、〈腕を通す〉という特徴はあるものの、極めて不明瞭であると指摘している。その具体例として、ある種の水着、夜会服、バレー服(チュチュ)、ミノ、マント、ポンチョなどは、腕を通すことができないが、「着る」を使うことができると述べている。

　本研究では、「着る」の「動作様態」について典型性を考えたほうが良いのではないかと考える。日本語の「衣服」を考えると、古くから袖のあるものはその典型である。袖のないポンチョなどは、それ自体が日本語の「衣服」というカテゴリーの中心的存在ではない。「着る」が表す動作は目的語の衣服の種類によって異なってくるが、その典型的な動作は、袖のある服を着る時に行う動作のことである。つまり、「着る」動作の典型は目的語の「服」という語の典型性と関連しているのである。本研究では、名詞だけではなく、動詞の意味(基本義と拡張義の両方)も点状ではなく、1つのカテゴリーをなしていて、中には典型的動作から非典型的な動作まで含まれると考える立場をとる。

　〈腕を通して［衣類を］身につける〉という「着る」の典型的な動作には、「着る」以外の動詞は使用できないが、非典型的動作の場合、「着る」以外の動詞も容認される。実際、コーパスでは、「マント」を身につける動作に使用される動詞は、「着る」の他に、「かぶる」や「はおる」「まとう」なども観察される。

（4）　一緒に散歩するのにマントなしでは見っともないからと、同室の一級下の佐藤という男のマントを借りて着て見るとちょっとばかり長過ぎた。　　　　　　　　　（BCCWJ　村松梢風：時代小説大全集）

（5）　その人物は、この暖かいのに、黒い将校マントのようなものを、頭からスッポリ冠って、顔はもちろん体中を覆い隠し、まるで泥棒かなんぞのように、足音を忍ばせて、二人のあとを尾行しはじめたのです。

　　　　　　　　　　　　　　　　（BCCWJ　江戸川乱歩：悪魔の紋章）

（6）　つづいて、その腕にすがって、様々の混乱した思いのなかに若々しい丸顔を亢奮させつづけていた伸子自身の、桜んぼ飾のついた帽子をかぶり、マントを羽織った姿が浮んで来る。

　　　　　　　　　　　　　　　　　　（青空文庫　宮本百合子：道標）

（7）　さらにその外側に黒いマントをまとった数十人の人間が、背後の森の闇に同化したようにたたずんでいる。

　　　　　　　　　　　　　　　　（BCCWJ　森村誠一：黒魔術の女）

　一方、(8)にみられるように、「チャンオ／チャンイ」は「はおる」や頭から「かぶる」という表現が用いられる一方、「袖を通す」を明白に示す場合に「着る」が使用されることになる。

（8）　"チャンオ"とか"チャンイ(長衣)"といって、両班の女性が外出する時にはおる服です。本当は頭からすっぽりかぶるのですが、ドラマではマントのように肩にかけている時もあります。ちゃんと袖もありますが、袖を通して着ることはありません。

　　　　　　　　　　　　　（http://www.koretame.jp/hojun/qa.php?seq=17）

　まとめると、「はく」にとって、(1a)「対象物が衣類である」、(1b)「特定の身体部分が関与する」、(1c)「特定の動作様態が要求される」が必須条件であるが、「着る」にとっては、(1a)のみが必須であり、(1b)と(1c)が典型条件である。しかし、「かぶる」のほうは少し複雑である。

　影山(1980)では、主要衣類のみが「かぶる」と共起すると述べられているが、布団やお面といったものもかぶることができる。「かぶる」に関しては、宮島(1972)において詳細な議論がされている。宮島(1972)によると、

「かぶる」が〈頭から〉という規定が強く、主に(9)のようなあらかじめ頭のために作られているものを目的語にとると述べられている。

(9) 帽子(山高・麦わら帽子・中折れ・鳥打ち・角帽・制帽・フェルト・ソフト・ハンチング・ベレー・パナマ)・かぶと(鉄かぶと・鉄帽・ヘルメット)・かさ(すげ笠・編笠)・頭巾(お高祖)

また、通常「着る」を使用する「外套／マント／どてら／レインコート」なども、〈頭から〉という規定を満たす場合、「かぶる」が使用できると述べている。これらは、「頭に衣類をつける」という(1a)の身体部位の指定に違反するものである。

さらに、布団、夜着、毛布といった寝具類の場合、単に体の上にかけているだけでも「かぶる」が言えるようで、頭の上までかぶったかどうかははっきりしないことが述べられている。ここではまず「同時使用」という統合テストを使って、意味の統合が可能かどうかを判別してみよう。

(10) 彼が帽子と毛布をかぶって寝ている。

(10)が成立できるということから、「布団をかぶる」と「帽子をかぶる」の「かぶる」が同じ意味であるとみることができる。「かぶる」が毛布や布団などの寝具類と共起できることから、(1a)の「対象物が衣類である」という基準も破られることになる。

ただ、頭を含む体全体にかけないと「布団をかぶる」が容認できない話者もいる。また主要衣類ではない「お面」に関しても、「お面をかぶる」という表現が容認できない話者がいるため、容認度にゆれがみられる。このことから、「かぶる」の典型は帽子などの主要衣類と「頭部」という身体指定を満たす場合になると考える。つまり、「かぶる」にとっては、(1a)、(1b)、(1c)のどちらも典型条件であるということである。さらに、布団や毛布の場合、頭までかけなくても容認できる話者にとっても、下半身またお腹といっ

た体の一部にかける場合、「布団をかぶる」は容認できない。そのことから、〈覆う〉という指定が必要であると考えられる。

　次に、(1)の条件に基づいて、着衣動詞の意味を考える。「着る」は、〈袖を通して、[上半身に衣類を]身につける〉というのがもっとも典型的動作であるが、〈上半身に[衣類を]／体全体に[上下一セットまたは上下一体の衣類を]身につける〉のであれば、「着る」の基本義になる。「かぶる」は、〈[帽子や布団などで]頭部または体全体を覆う〉という意味が基本義として考える。「こうむる」は語源を遡ると、最初は「かかぶる」という形式であったものが、鎌倉時代に「かうぶる」に、そして室町時代以降には「かうむる」となった。元々は「かぶる」と同じ意味、つまり、〈[帽子や布団などで]頭部または体全体を覆う〉という意味であったが、現在では拡張義で使用されることが多い。

3.1.2　負荷動詞

　負荷動詞も自分の体に人や物を動かす動作が含まれているため、着点動作主動詞と考えられる。

　負荷動詞には、「負う」「背負う」「しょう」「担う」「担ぐ」「抱える」「いだく」「だく」があるが、その違いは主に重みがかかる身体部位にある。

　「負う」は「荷物を負う」のように、〈背中に[人や物の重みを]受ける〉というのが基本義であり、人や荷物の接触する身体部位は背中である。「背に負う」からきた「背負う」、また「背負う」からきた「しょう」も同様に、〈背中に[人や物の重み]を受ける〉というのが基本義である。

(11)　背にバックパックを負ったブルーのトレーナーとジーンズ姿である。
　　　　　　　　　　　　　　（BCCWJ　菊地秀行：妖魔淫殿）
(12)　そして忘れられないのは、ミッドウェー後の横須賀病院から、江草はがっしりした背中に、淵田を背負って脱走したのである。
　　　　　　　　　（BCCWJ　甲斐克彦：真珠湾のサムライ淵田美津雄）
(13)　かれは背中にしょっていた背嚢から一かたまりのパンを出して、四き

　　　　れにちぎった。　　　　　　（BCCWJ　マロ（Malot）：家なき子）

　「抱える」は背中ではなく、付着する身体部位は胸や脇である。そして、〈[物を]腕で囲むようにして胸で支えたり、脇の下に挟んだりして保持する〉という動作を表す。

(14)　<u>前に子供を抱え</u>、<u>背中にナップザックを背負って</u>、ふたりでバスに乗っていろんなところにも出かけました。
　　　　　　　（BCCWJ　アグネス・チャン：Dr.アグネスのポジティブ育児）
(15)　<u>小脇に鞄を抱えている</u>彼の恰好は、いかにもこれから学校へ行くように見える。　　　　（BCCWJ　河内美舟：がんばれ！ティエンくん）
(16)　原因は明らかに、島崎の持っていた荷物が爆発したのである。しっかり<u>胸に抱えていた</u>から、その衝撃をもろに彼が受けたに違いない。
　　　　　　　　　（BCCWJ　斎藤栄：二階堂警部最後の危機）
(17)　「点火しますッ」とたんに、<u>腹に抱えた</u>固体燃料ブースターが凄まじい轟音を起てる。　　（BCCWJ　荒巻義雄：琵琶湖要塞1997）

　「担う」と「担ぐ」には〈[物を]肩で支える〉という共通した基本義がある。それは、肩が負荷のかかる位置であるということである。物を直接肩にかけるだけでなく、天秤棒などの道具を用いる場合もある。

(18)　彼等は<u>サツコを肩に担いで</u>簡単に移動する移民で、今日はモヂアナ明日はノロエステと云つた具合に珈琲園から棉作り…
　　　　　　　　　（BCCWJ　藤崎康夫・今野敏彦：移民史）
(19)　白い男の石像は、<u>重そうな籠を両肩に担いでいる</u>。
　　　　　　　　　　　（BCCWJ　黒崎緑：柩の花嫁）
(20)　だが、肉体の衰えはいかんともしがたく、風炉に釜、水と茶道具などを<u>天秤棒で担いで</u>の商売は身体にこたえ、最近とみに疲れを覚える。
　　　　　　　　　　（BCCWJ　井ノ部康之：千家分流）

しかしながら、「担う」は現代日本語において、基本義で使用されることは少なく、主に拡張義で使用される。青空文庫で「担う」を検索したところ、ヒットした11の例文のうち、(21)の1件以外は全て拡張義で使われていることが分かる。現代日本語書き言葉均衡コーパス（BCCWJ）においては1件もみられなかった。

(21)　天下に夜中棺桶を担うほど、当然の出来事はあるまいと、思い切った調子でコツコツ担いで行く。　　（青空文庫　夏目漱石：琴のそら音）

　負荷動詞には、さらに「だく」と「いだく」がある。「だく」は「イダク」「ウダク」の頭母音の脱落によって出来たものである。「いだく」と「だく」には〈両腕を前に回して［人や物を］胸のところに寄せる〉という共通した基本義が認められる。「担う」と同様、「いだく」は現代日本語において基本義で使用されることはまれである。青空文庫をみてみると、基本義での使用例は9件、現代日本語書き言葉均衡コーパスにおいては1件という非常に限られた数になっている。

(22)　可愛らしき小児をいだく手も清くほそやかにして、力なげなる年若き女の、お月さまいくつ十三なゝつなど、小声にうたふにつれて…
　　　　　　　　　　　　　　　　　　　　（青空文庫　大町桂月：月譜）
(23)　馬上にある事も忘れたように、次郎はその時、しかと兄をいだくと、うれしそうに微笑しながら、頬を紺の水干の胸にあてて、はらはらと涙を落としたのである。　　　（青空文庫　芥川龍之介：偸盗）

　コーパスの使用頻度から、「いだく」や「担う」などの動詞は、松本(2009)でいう「機能的中心義」と「概念的中心義」の不一致を示す例だと考えられる。

3.1.3 摂食動詞

「食べる」「食う」「食らう」「喫する」「なめる」などは、飲食関係の動詞で、いわゆる「摂食動詞(ingestive verbs)」と呼ばれる部類に属するものである。摂食動詞は、飲食物を口に(更に体内へ)移動させるという使役移動のプロセスがあるため、着点動作主動詞のカテゴリーに入る。

摂食動詞はその特異な特徴のため、数多くの先行研究がなされている。摂食動詞の定義は、先行研究においても明確に定められているわけではないが、概ね狭義的な見方(Newman1997, 2009、Willianms 1991 など)と広義的な見方(Masica 1976 など)の2通りの考え方がみられる。狭義の「摂食動詞」は、日本語の「食べる」「食う」「食らう」「飲む」など、摂食行為に関係のある動詞(以降は EAT・DRINK で表記する)だけを指す。一方、EAT・DRINK 動詞だけではなく、ingestive verbs の範囲をより広く捉える研究もある。Masica(1976)は、インドの諸言語の研究の中で、ingestive verbs について、eat、drink の他に、hear、see、understand、read、learn などを挙げ、これらの動詞は物理的、或いは心理的に何かを吸収する(having in common a semantic feature of taking something into the body or mind (literally or figuratively))という共通性を持っていると述べている。またさらに、ingestive verbs は統語上特殊な振る舞いをみせることを指摘している。Masica(1976)の ingestive verbs と本研究の着点動作主動詞は一部重なるところもあるが、次の2点において異なる。

まず、着点動作主動詞には動作主の働きが必須条件であるが(「見る」と「もらう」はどちらの場合でもありうる)、ingestive verbs は動作主の働きかけが必須要素として含まれない。

2点目は、ingestive verbs は何かを吸収する(taking something into the body or mind)という点に重点をおくが、本研究でいう着点動作主動詞はそれだけではなく、着衣や負荷などの身体への付着、また「招く」「買う」「借りる」など動作主の領域への移動も含まれ、ingestive verbs より指す範囲が広いと考える点である。

本研究では、摂食動詞について狭義の見方をとり、EAT・DRINK 動詞の

ことを指す用語として使用する。

　日本語における摂食動詞の典型として、「食べる」と「飲む」があり、固体の場合は「食べる」で、液体であれば「飲む」を使うのが普通である。薬というのは少し特殊であり、液剤、シロップなどの他に、カプセル、顆粒、細粒剤などの錠剤はどちらかというと固体であるが、「飲む」を使う。これは恐らく、固体の薬であってもかまずに水と一緒に服用することが多いためこうなったと考えられる。そうすると、「食べる」と「飲む」の違いは、対象物が固体か液体かより、「かむ」というプロセスが含まれているかどうかが重要であると考えられる。「食べる」は、〈[主に固体状の食物を]口に入れ、かんで喉を通して体内に送り込む〉という意味である。「飲む」の基本義は、〈[主に液体状の飲食物(薬を含む)を]口に入れ、かまずに更に喉を通して体内に送り込む〉である。

　さらに、「息をのむ」という表現もあり、主に驚いたり緊張したりする時に使われるが、以下の例のように実際息を吸い込む場面での使用もみられる。

(24)　「俺だ、末永だよ」と拓也はいった。受話器の向こうで息をのむ気配
　　　がある。　　　　　　　　　（BCCWJ　東野圭吾：ブルータスの心臓）

しかし、これは「水と一緒に息を飲んだ」が容認できないことから、両者が同じ動詞の別義であると考えられる。

　「食べる」と「飲む」の他に、「食う」と「食らう」という動詞も存在する。現代日本語において、「食う」と「食らう」の使用は「食べる」と異なり、主に男性に限られ、粗野または通俗な会話において使用される（宮島1972、Yamaguchi 2009）。

　「食う」と「食らう」の相違について、斉藤（1977）では、近代までのデータに基づいて、「食う」と「食らう」は上代において既に使用されていたが、「食らう」が〈かむ〉という意味で使われる例は、「食う」よりはるかに少ないと指摘されている。また、液体を対象物にとる割合に関して、「食ら

う」が「食う」の約 20 倍であるという調査結果と合わせ、「食う」が表す動作は、「かむ」という動作が意識下にあるのに対して、「食らう」という動作にはそのような意識が存在しないのではないかと斉藤は述べている。本研究のコーパスの調査でも、「水」や「お酒」などの液体を目的語にとる「食らう」が観察された。

(25) 「他人の水と酒をくらいながら、大きな口をきくな、青二才」ラシュワンはすました顔で、傍らの壺から椀に酒を注いだ。
(BCCWJ　霜島ケイ：銀砂の覇者)

つまり、「食う」は前述の「食べる」と同じく、〈[主に固体状の食物を] 口に入れ、かんで喉を通して体内に送り込む〉、また「食らう」は〈[飲食物を] 口に入れ、更に喉を通して体内に送り込む〉という意味を基本義に持っていると考えられる。
　一方、「喫する」は固体、液体、気体のいずれも目的語にとることができ、〈[飲食物・嗜好品を] 口を通して体内に取り込む〉という意味を基本義に持つ。

(26) 鳳林和尚の引率する団体の見物でも三隻の舟を使って舟からの見物をしているし、さらに桂では菓子を舟で食べて、茶屋に上って茶を喫するという順序であった。　(BCCWJ　熊倉功夫：後水尾天皇)
(27) 大抵其方向は王子附近で、王子の茶を買つて帰り、又帰途に白山の砂場で蕎麦を喫するを例とした。　　(青空文庫　森鷗外：伊沢蘭軒)
(28) 酒を飲む人禁酒して煙草を喫し、禁煙して又菓子を食ふ、此の如きこそ多情といふべけれ。　　　　　(青空文庫　正岡子規：読書弁)

　また、「吸う」の対象は液体もしくは気体になる。〈[液体や気体を] 口か鼻から体内に取り入れる〉というのがその基本義である。

(29) 男は、毛布を巻いた体を横にし、大きく息を吸ったり吐いたりしてた。　　　　　　　　　　　　（BCCWJ　ひこ・田中：カレンダー）
(30) 阿父つあんが村の人たちの生血を吸うなんて、そんなこと嘘だ。
　　　　　　　　　　　　（BCCWJ　山手樹一郎：三郎兵衛の恋）

　最後は「なめる」で、「なめる」は〈［液体または物の表面を］舌の先で触れる〉というのがその基本義である。

3.1.4　知覚動詞

　「見る」「聞く」などの知覚動詞には、主体の働きかけと知覚の受容があるため、着点動作主動詞に入る。なお、研究分野によって「知覚」と「感覚」に対する定義が多少異なるが、本研究ではその違いには立ち入らない。
　生物は自らに備わっている各種センサーによって体外環境の情報を感覚刺激として受け取り、それに応じた反応をおこすことで生命維持に役立てている。外部からの情報を入手する手段として、五感（視覚、聴覚、嗅覚、味覚、触覚）があるが、これらの感覚系で受容される感覚刺激のもつ性質に着目すると、図2のように大きく2種類に分けることができる。

図 2.　感覚の分類（滝上・長田 2007：1）

　視覚、聴覚、触覚が光や音などといった物理量を受容し、各受容器は、受容した物理刺激を電気信号へと変換し、中枢神経系へ伝達する。それに対して、嗅覚と味覚はある特定の化学物質に反応し、化学感覚とされる。
　受容する刺激の性質が異なるものの、物理感覚も化学感覚も外部の波長刺

激や化学物質の刺激を取り入れようという経験者から対象へのメンタルコンタクト (mental contact)、そして対象から経験者への刺激 (stimulus) という両面性を備えている (cf. Gruber 1976, Lakoff 1993b, Kemmer 1993, 谷口 2005)。したがって、知覚動詞は着点動作主動詞の定義を満たしている。本研究では、視覚の「見る」と視覚関連の「会う」、聴覚の「聞く」、「嗅覚」の「嗅ぐ」に着目する。触覚の「触る」は基本的に手の移動であり、対象物の使役移動がないため、味覚の「味わう」と合わせて除外することにした。

知覚動詞の両面性に関して、先行研究では以下のように論じられている。

Fillmore (1968) の格文法では、知覚主体は経験者格 (Experiencer) をとり、経験者格を Agent, Patient, Source, Goal から区別している。Lakoff (1993b) は知覚の両面性を提示し、知覚表現における経験者格には、主体的 (Agent) 側面と被動作主的 (Patient) 側面が内在していると指摘している。つまり、動作主的な役割を担う一方で、対象物から情報を受け取る側面として着点、あるいは被動作主的な役割も担っているとしている。

(31) a. From my office, I can see the bay.
　　 b. The view from my office blew me away.　　(Lakoff 1993b: 233)

例文 (31a) において、I は動作主で、from 句は知覚行為の起点を表している。一方、(31b) では me が被動作主になり、from 句が知覚行為の着点になっている。

以上のように、これまでの先行研究では知覚動詞の両面性について、主に格パターンを中心に議論している。本研究ではさらに、意志性と非意志性も考慮する。

まずは視覚動詞を検討する。他動詞が「主体的視覚」を、自動詞が「受容的視覚」を担う言語もあるが、日本語の「見る」はこの両者を合わせ持っている。以下では、副詞「じっと」との共起関係から意図性について考察し、「偶然」との共起関係から非意図性について考察する。

(32) a. 新幹線の中から<u>じっと</u>富士山をみた。
   b. 新幹線の中から<u>偶然</u>富士山をみた。

「見る」は「じっと」とも「偶然」とも共起でき、意志性に関しては無指定である。したがって、「見る」における「主体的視覚」と「受容的視覚」は以下のように記述することができる。

(33)【主体的視覚】：動作主から対象物への働きかけと対象物が動作主の視野に入る虚構移動という両方向性
   【受容的視覚】：事物が自ずと視野に入ってくるという一方向性

「主体的視覚」の場合、知覚主体が動いて対象物との距離を変えたり、眼球を動かして焦点をあわせたりして対象物をとらえるが、「受容的視覚」の場合、動作主が意志を持って何かをみようとするわけではなく、その場に居合わせて、対象物が視野に入ってくるという意味を表す。以下の文は「受容的視覚」を表している。

(34) 昨日の日曜日、余市に遊びに行った帰り、小樽を通り過ぎるとき、<u>2件の交通事故を見た</u>。
   (http://gotoriver.asablo.jp/blog/2008/06/30/3602633)
(35) タンパ空港からアレクシス（ホストマザー）のうちへ向かう途中、<u>虹を見た</u>。彼女はそれを幸運の印だと微笑みながら言った。
   (『広報たかまつ』 2008年23号)

(34)の「交通事故を見た」というのは、事故の発生をあらかじめ予想するなど、通常意図的にみようと思ってみられるものではない。よって、事故の発生現場に居合わせて、偶然その事故を目撃したという意味になる。(35)についても同様である。受容的視覚を表す「見る」は、主体的側面、つまり〈動作主が物事を視野に入れようとする意志を持って対象物に目を向ける〉

という意味を持たない、単なる〈視野に入ってきた事物を、主体が認識する〉という視覚のプロセスである。

　(33)の記述から分かるように、「視野」は出入りのできる容器として概念化されている (We conceptualize our visual field as a container and conceptualize what we see as being inside it) (Lakoff and Johnson 1980: 30; cf. Lakoff 1987)。つまり、VISUAL FIELDS ARE CONTAINERS という概念メタファー (Lakoff and Johnson 1980) と関連していると考えられる。

　「見る」のほかに、視覚行為をともなう「会う」についても考えてみよう。「会う」は視覚動詞ではないが、「友達に会う」のように、〈お互いに対面して、[相手を]認識する〉というのが基本的な意味である。「会う」ことにも〈物事が視野に入ってくる〉、あるいは〈[物事を]視野に入れようとする〉部分があり、主体的、受動的な側面を同時に持ち合わせている点において「見る」と類似している。

(36)　岡田からの電話はかかって来た時大に自分の好奇心を動揺させたので、わざわざ彼に会って真相を聞き糺そうかと思ったけれども、一晩経つとそれも面倒になって、ついそのままにしておいた。
　　　　　　　　　　　　　　　　　　　（青空文庫　夏目漱石：行人）
(37)　その男がその女をまるで忘れた二十何年の後、二人が偶然運命の手引で不意に会った。　　　　　　（青空文庫　夏目漱石：行人）

(36)は「わざわざ」という副詞と共起していることから、動作主には意図性がある。一方、(37)は「不意」という非意図的な副詞と共起していることから、動作主には意図性がないことが分かる。

　次は聴覚の「聞く」についてみていく。視覚と同様に、聴覚にも両方向性が考えられる。すなわち、外耳の耳介を利用し、音のエネルギーを集めようとする経験者の働きかけと音のエネルギーが外耳道を介して鼓膜に伝え、更に振動に変換され、音声として認識されるという求心的移動である。また、意志性に関しても視覚の「見る」と同様に無指定である。

(38) 彼女は耳を澄まして、呼吸の音を聞いてみた。
 　　（BCCWJ　田辺亜木・サンドラ・スコペトーネ：ダニエル・スワン殺人事件）
(39) 突然、背後に、洪水の音を聞いた。遠くの山から、夥しい量の濁流が押し寄せてくるのだった。　　（BCCWJ　中野美代子：契丹伝奇集）

　最後は嗅覚の「嗅ぐ」である。嗅覚と味覚は受容器が分かれているが、未分化で相互依存的な感覚である（中西・西岡1969）。嗅覚を刺激するにおい物質は一般に揮発性化学合成物質であり、拡散あるいは気流に乗って空気中を伝播する。このにおい物質は呼気とともに鼻腔を経て嗅覚受容器に達する。また、食べ物のにおい物質は後鼻孔から受容器に達し、味覚に風味を加える（楢崎2010）。嗅覚のプロセスは以下のようである。矢印はにおい物質の移動を表している。

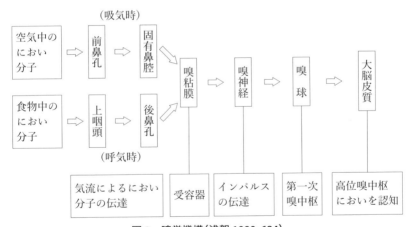

図3．嗅覚機構（浅賀1990: 684）

　「見る」や「聞く」と違って、嗅覚の「嗅ぐ」は意図的な場合にしか使えず、非意図的な場合は「におう」という自動詞を使用する。「嗅ぐ」は「におい」や「香り」を目的語にすることが多いが、(41)や(42)のように、メトニミー的関係から、においを発する物体または場所も目的語にとることが

できる。

(40) その昔、三友の副社長室でたしかにこんな匂いを嗅いだことがある
と、香山は懐しさを覚えた。　　　（BCCWJ　江波戸哲夫：左遷！）
(41) そっと枝を引き、脊伸びをして一つの花を嗅ぐこともある。ほのかな
がら心に徹する清い香である。　　（青空文庫　與謝野晶子：紅梅）
(42) 刑事たちは、屍体から眼を放すと、地面を嗅ぐようにして、路面を匍
いまわった。　　　　　　　　　（青空文庫　海野十三：疑問の金塊）

3.1.5　その他の動詞

「着衣動詞」「摂食動詞」「負荷動詞」「感覚動詞」の他に、「浴びる」「買う」「借りる」「もらう」「招く」「呼ぶ」などの動詞も着点動作主動詞である。

まずは「主語の働きかけ」と関連して、「浴びる」という動詞に注目したい。「浴びる」は〈[水などを]体の上方から持続的に受ける〉というのが基本義である。先行研究では、「太郎が次郎に水を浴びる」は非文であり、「太郎が次郎に水を浴びせる」と言わないといけないことから、「水を浴びる」などは動作主みずからの行為に限られると指摘されている（西山 2006）。しかし、松本（2000a）は、「冷水を浴びる」というのは人から冷水を浴びられた場合にも使えると指摘している。つまり、動作主の意図による行為とそうでない行為があるということになる。前者の場合、主語が動作の仕手であると同時に動作の受け手、つまり着点でもあるため、「浴びる」を着点動作主動詞に分類したのである。

次は「買う」であるが、その前に売り買いのフレームについて少し触れておく。

Fillmore (1977, 1985) では、売り買いには、買い手、売り手、品物、代金があり、そして、buy、sell、cost、charge、pay、spend などの動詞が売り買いに関する動詞であるとしている。これらの要素を含め、売り買いは図4のように4つの段階を経て成立すると述べている。第1段階では、売り手が

品物を所有し、買い手が代金を所有している。第2段階では、買い手と売り手が品物やその値段について合意する。そして第3段階では、売り手が買い手に品物を渡し、その代わりに買い手が売り手に代金を払う。第4段階では、買い手が品物を所有し売り手が代金を所有する、という流れである。もちろん、実際の売り買いでは多少は異なる場合があり、これは売り買いの典型的な事象、もしくは理想化されたモデルと言ってもよいと述べている。

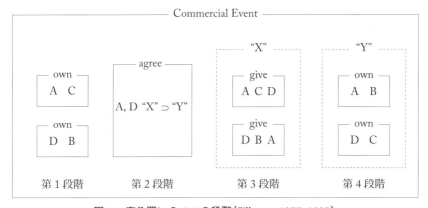

図4. 売り買いの4つの段階（Fillmore 1977, 1985）

図4のうち、A は買い手、B は商品、C は代金、D は売り手を表している。「買う」という語は買い手に焦点をあてる。買い手が代金を所有し、かつ売り手の所有する商品を手に入れる意欲がある。買い手が売り手と品物及びその値段について合意し、売り手から商品を渡してもらい、その代わりに売り手に合意した代金を支払う。その結果、買い手が品物を所有するようになる。とどのつまり、「買う」とは〈代金を払い、［望む商品（品物や使用権など）を］自分の所有にする〉という意味である。

続いては「借りる」であり、「借りる」は〈後で返す約束で、［他人（または機関）の品物や金銭などを］自分のところに移す。もしくは（使用料を払って）［土地、建築物などの使用権を］一時的に自分のものにする〉という意

味である。

(43) あらゆる親戚から金を借りて、全然返していないから、向こうも会いたくないはずだ。　　　　　　（BCCWJ　赤川次郎：人形たちの椅子）
(44) ふじ子は麻布東町の称名寺の境内の二階家の一室を借りて、そこへ移り、多喜二も原町からきていっしょに暮しはじめた。
　　　　　　　　　　　　　　　　（BCCWJ　澤地久枝：昭和史のおんな）

　一部の言語では、物品や金銭を借りる場合と家や土地の場合とでは区別されることがある。英語ではそれぞれborrowとrent（イギリス英語では更にhireも）があり、中国語では、借（jie）と租（zu）がそれに該当する。日本語の「借りる」は両方をカバーしている。これが１つの意味であるということは、「同時使用」を用いて検証することができる。

(45) 親戚から、お金と家を借りて、夢だったケーキ屋を始めた。

「借りる」の場合、(45)のように、「お金」と「家」は統合できるから、１つの意味として認定できる。
　次は「もらう」の意味をみてみよう。「もらう」は日本語のいわゆるやりもらい動詞、授受動詞の典型である。「見る」「会う」と同様、これらも意図的・非意図的という両面性を持っている。

(46) 志賀さんのところへ原稿をもらいに行って、断られた話である。
　　　　　　　　　　　　　　　　（BCCWJ　本多秋五：物語戦後文学史）
(47) 「小説新潮」に〈山肌〉という短篇を書いたときで、差出人の住所氏名を書いていない手紙をもらったことがある。
　　　　　　　　　　　　　　　　（BCCWJ　立原正秋：日本の名随筆）

(46)は〈他人に請って、[ほしい物を] 手に入れる〉という意味で、(47)

は、〈他人から［物を］受ける〉という意味を表す。どちらの場合でも、「もらった」結果、物が主語のところに入ってくることになる。

「受ける」について、岸本（2010）に詳細な記述がなされている。岸本（2010）によると、「受ける」には(48)のように、2つの語彙概念構造があるとし、「受ける」という行為を積極的に行うという〈行為〉の意味と、積極的な行動は行わないものの、何かが主語のところに入ってくるという〈移動〉の意味があるとしている。

(48) a. ［x ACT ON y］CAUSE［BECOME［y BE-AT x］］
　　 b. ［x BECOME［[y BE-AT x] and [y BE-NOT-AT z]］］

(岸本 2010: 205)

a は x の y への働きかけによって何らかの変化を生じ、x が y のところに存在するようになる。ここでは主語が行為者かつ着点である。b のほうは移動の結果、y が x のところに存在するようになる。x（主語）は単なる着点を表している。

「預かる」は〈人に頼まれて、［物品または子供など人の身柄を］引き受け、保管また世話をする〉という意味である。

(49) 　ですので、いろんな人からお金を預かって、そのお金を銀行が調べて、貸しても大丈夫と判断したところにお金を貸すことが「融資」です。
　　　　　　　　　　　　　　　　　　　　　（BCCWJ　Yahoo! 知恵袋）
(50) 　これからはアレルギーの子供も増えてきます。保育士も子供を預かる身として、最低知識だけでも勉強をして下さい。
　　　　　　　　　　　　　　　　　　　　　（BCCWJ　Yahoo! 知恵袋）

また、「招く」は、〈手などを振って合図を送り、［相手に］自分の所に来てもらう〉というのがもとの意味で、いわゆる概念的中心義である。

(51) そうすると第六天の鳥居の蔭に、一団になって息を殺している人影が、通りかかる道庵を認めて声を立てないで、<u>手を上げてしきりに招く</u>のが道庵の眼に留ったから、道庵もひょいとそちらを向きました。
（青空文庫　中里介山：大菩薩峠）

(52) そのまま髪を結いに行こうとする伸子に向って、素子はなお息をひそめたような声で、「ちょいと来てごらん」。<u>手にもっている新聞で招く</u>ようにした。　　　　　（青空文庫　宮本百合子：二つの庭）

　現在は(53)や(54)のように、〈何かの目的のために[人に]来てもらう〉という意味で使われる場合が多い。これはいわゆる機能的中心義である。

(53) 新居では<u>友人を招く</u>機会が多くなる予定ですが、何をどれくらい揃えたら良いのかイマイチわかりません。　　（BCCWJ　Yahoo! 知恵袋）

(54) …今現在でも、例えば、さまざまな<u>外部講師の方を招いて</u>そのプログラムを実施しているわけです。
（BCCWJ　国会会議録・第162回国会）

　〈手などを振って合図を送り、[相手に]自分の所に来てもらう〉にしても、〈何かの目的のために[人に]来てもらう〉にしても、動作主の領域に属さない人を自分の領域に入れようと働きかけ、結果として相手が動作主の領域に入ってくるということを表している。
　「招く」と類似の意味を持つ動詞として「呼ぶ」が挙げられる。国広(2006)では、〈離れたところにいる相手の注意を引いたり、招いたりするために相手の名前を用いて声をかける〉、また、森田(1989)では、〈相手の関心や注意を自分のほうに向けようとして声を出す〉と記述されている。どちらの記述にも〈声を出す〉というのが含まれていることがみてとれる。(55)はその意味での表現である。

(55) 野々村としては、気安く<u>恋人の本名を呼ん</u>でほしくないと思った。

(BCCWJ　吉村達也：竜神温泉殺人事件)

ここから言えることは、「呼ぶ」は元々呼ばれる相手の移動が必ずしも含意する動詞ではない、ということである。一方、〈相手の関心や注意を自分のほうに向けようとして声を出す〉場合、一部は「その人間を来させて何かをさせることが目的」である（森田 1989）。よって、(56)から(58)のように、「呼ぶ」はメトニミー的に〈声をかけたり知らせを出したりして、こちらに来させる〉という意味へ拡張していると考えられる。

(56) 「わかりませんが、どこか知り合いの医師を呼ぶとか、医院へ連れ込むとかして、治療したんじゃないかと思うんですけど…
　　　　　　　　　　　　　　(BCCWJ　和久峻三：銭形砂絵殺人事件)
(57) 松本国務相は、閣議が終ると、法制局第一部長佐藤達夫を呼んだ。そして、佐藤第一部長が来ると… (BCCWJ　児島襄：史録日本国憲法)
(58) 咽喉から血を吐き出さんばかりにさえずり、配偶者を呼んだ。しかしあらわれない。　　　(BCCWJ　川島民親：スズメバチの死闘)

(56)では、「医師を呼ぶ」と後ろの「病院へ連れ込む」が並列していることから、前者は〈医師に家に来てもらう〉ということを意味していることが分かる。(57)や(58)においても、「来る」や「あらわれない」という結果が後続していることから、「呼ぶ」の意味に〈こちらへの移動〉というのが含意されていることが分かる。

また「来す」というのは、〈来るようにさせる〉というのが概念的中心義である。しかし、今はこの意味での使用はあまりみられない。

3.2　着点動作主動詞の基本義における意味的性質

前節では着点動作主動詞の基本義を詳細に分析した。これらの動詞は基本義において、「使役移動のプロセス」「動作主への求心性」「動作主の受影

性」といった意味的性質を共通して有していると考えられる。本節では、これらの意味的性質を詳しくみていく。

3.2.1 使役移動のプロセス

着点動作主動詞が表している動作には使役移動のプロセスが含まれている。例えば、着衣動詞の「着る」や「かぶる」は、動作主が手の操作により衣類に働きかけ、衣類を自分の身体に移動させ、動作の結果、衣類が動作主の身体に付着するということを表す。これらは動作主自身を着点とする使役移動として捉えることができる。

松本(2017)は、移動表現を以下のように大きく3種類に分けている。

(59) a. John walked into the room.
　　 b. John threw the ball into the room.
　　 c. John looked into the room.

(59a)は移動物が主語になる表現で、主体移動表現である。(59b)は目的語のボールの移動を表し、主語のジョンがその移動を引き起こしている。これは客体移動表現と言われている。(59c)のように、ジョンの目から出ているように感じられる放射物が移動していると考えられる表現は、抽象的放射移動表現と呼ばれている。

また、客体移動はさらに開始時起動型使役移動、随伴・運搬型使役移動、継続操作型使役移動と下位分類がなされている。

(60) a. Andrew threw a ball into the net.
　　 b. Maria led the child to the school.
　　 c. Peter picked up a book from the floor.

(60a)は開始時起動型使役移動であり、使役行為が移動の開始時のみ行われ、使役者は移動物と一緒には移動しない。(60b)は随伴・運搬型使役移動

で、使役者が被使役者と共に移動し、使役行為を継続的に行う。最後の(60c)は継続操作型使役移動であり、使役者が継続的に使役行為を行うが、被使役者とは一緒に移動しない。

このような分類基準から、着点動作主動詞が表している動作を考察してみる。まず、着衣動詞、摂食動詞、負荷動詞が表している動作は、使役者が継続的に使役行為を行うが、被使役者とは一緒に移動しないという点で継続操作型使役移動である。「招く」「呼ぶ」「来す」などは領域外にいる人を自分の領域に入れる動作であり、使役行為は移動の開始時のみ行われ、使役者は移動物と一緒に移動しないという点で開始時起動型使役移動である。

着衣動詞を使役移動動詞として捉える先行研究は、松本（2003）、當野・呂（2003）、伊藤（2012）などがある。

松本（2003）は、「着る」などの動作主的動詞は、行為者が自らの上半身に衣類を移動させることによって自らの状態を変化させる行為を表すと述べている。

また、當野・呂（2003）は「着る」などを取り上げ、着衣動詞は、"x causes y to move to z, where x = agent, y = clothes, z = body (part)"、つまり、〈動作主（= x）が衣服（= y）を体（あるいは体の一部）（= z）に移動させる〉という意味構造を成すと述べている。彼らはさらに、日本語、中国語、英語、スウェーデン語、マラーティー語の対照研究を行い、着衣行為は対象物である「衣服」を着点である「体（の一部）」に移動させるという使役移動の表現であり、Talmy（1991）が提案する移動動詞における「動詞枠付け言語」と「付随要素枠付け言語」という枠組みが着脱動詞においても有効であると主張している。

一方、知覚動詞の「見る」「聴く」「嗅ぐ」、及び知識の移動を含む「教わる」は虚構移動を表す。視覚表現は虚構移動として議論されてきた（Talmy 1996, 2000, 松本 2004）。松本（2004）では、移動表現で人間の視覚を表すという言語現象に注目し、「富士山（の姿）が目に飛び込んできた／入った」などを、視覚移動の一種である「映像の移動の表現」として取り上げ、これは「視覚対象から目の方向への移動に基づく表現」であると指摘している。先

行研究は、言語表現を研究対象に、主体移動としての視覚を扱っているが、本研究では、知覚行為に注目し、そこに虚構移動を引き起こす動作主の働きがあることから、使役虚構移動として扱う。

このように、着点動作主動詞が表している動作では、事物を動作主の領域に移動させるという一種の「使役移動の過程」と、移動物が動作主の領域にある(いる)という「使役移動の結果」という要素を抽出することができる。

3.2.2 動作主への求心性

着点動作主動詞に分類される動詞は単に使役移動を含むだけではなく、使役移動の着点が動作主になるという点も特徴的である。

通常の他動詞文は、行為者はエネルギーの源であり、対象はその終点である(Lakoff 1977)。動作が動作主から出発し、被動作主において終結するのがその典型である。力の伝達としては動作主→(道具)→被動作主という流れである。(61)の文をLangacker(1990)の行為連鎖モデル(action-chain model)で表すと、その方向性は以下のように示すことができる。

(61)　Floyd broke the window with the hammer.

図5.　(61)の行為連鎖モデル

しかし、着点動作主動詞は他動詞でありながら、動作主から出た動作が対象物に及ぶものの、最終的には動作主のところに戻ってくる、という他動詞の典型から外れた意味的特徴を持つ。例えば、「食べる」という動作は、動作主が(箸やフォークなどの食器を使って)食物に働きかけることによって食物が動作主に向かって移動し、その結果、対象物が動作主の身体部位である口(更に体内)に入る。この場合、図6が示されているように動作の着点は

動作主自身になる。

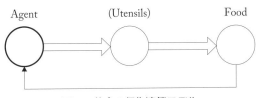

図 6. 飲食の行為連鎖モデル

　堀江・パルデシ（2009）では EAT 系の動詞は描写される動作がそれを引き起こす仕手自身に向かうという意味で求心的（centripetal）であると指摘されている。その他、仁田（1982）は「かぶる」「はく」などについて「再帰動詞」という観点から、それらを「動作主の働きかけが、他の存在ではなく常に動作主自身に及ぶことによって、動作が終結する」と説明している。このように、着点動作主動詞が表す動作は、最終的な着点が目的語ではなく動作主自身であるという求心的使役移動なのである。

　動作主の身体または領域を着点とする使役移動はイメージ・スキーマで表すと以下のようになる。イメージ・スキーマにおいて、実線の円は動作主、点線の円は動作主の領域を表す。□は移動物を、二重矢印は対象に対する動作主の働きかけを、そして実線の矢印は移動の経路を表している。各図の a, b, c はそれぞれ対象物への動作主の働きかけ、対象物の移動、および結果状態を表している。

　図7は着衣と負荷動作を表している。動作主が衣類や荷物に働きかけ、動作主の身体を着点に、衣類や荷物などの事物を移動させる。その結果、衣類または荷物は動作主の身体に付着する。「浴びる」もこの一種である。

　図8は摂食のイメージ・スキーマである。動作主が飲食物に働きかけ、飲食物を動作主の体の一部である口に入れる。目にみえる移動の着点は動作主の体の一部である口までであるが、実際の飲食物はさらに体内へと移動している。Johnson（1987）においても、'She shoveled some potatoes into her mouth' といった表現の場合、身体は1つの容器とみなすことができると述

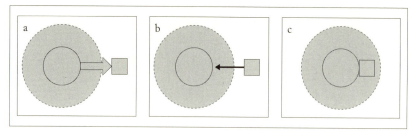

図7. 着衣・負荷のイメージ・スキーマ

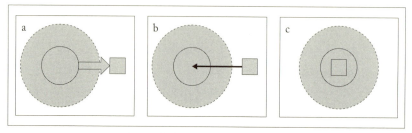

図8. 摂食のイメージ・スキーマ

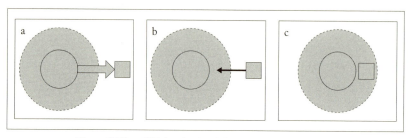

図9.「買う」「招く」などの動作のイメージ・スキーマ

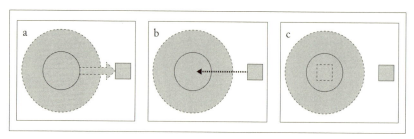

図10. 知覚のイメージ・スキーマ

べている (Johnson 1987)。

　図 9 は「買う」「借りる」「招く」「呼ぶ」「来す」のイメージ・スキーマである。「買う」と「招く」は動作主の領域に属さない人／物を、自分の領域に入れようと働きかけ、その結果、動作主の領域に入ってくる。

　最後の図 10 は知覚動詞のイメージ・スキーマである。既に述べたように、動作主の意図と関係なく映像や音の刺激が入ってくる場合もあるため、動作主による対象物に対する働きかけは実線ではなく点線で表している。嗅覚の「嗅ぐ」は意図的な場合しかないため、実線でなければならないが、ここでは視覚、聴覚とまとめて表示することにした。さらに、物理的な移動がないということから、移動の経路と映像は点線で表してある。光や音、そして匂いなどの刺激を発する事物は元の場所に残る。

3.2.3　動作主の受影性 (affected-agent)

　動作主の受影性は「動作主への求心性」、つまり、動作主が動作の着点でもあるということと関連している。目的語の表している事物が動作主の身体または領域に入ってくるため、動作主が動作の影響を受けることになる。これは先行研究で affected-agent と呼ばれている (Masica 1976, Saksena 1982, Haspelmath 1994, Kemmer 1994)。松本 (2000a, 2000b) においても、「着る」などの動作動詞は、行為者が自らの上半身に衣類を移動させることによって自らの状態を変化させるという行為を表すとされている。

　つまるところ、着点動作主動詞は、動作主が動作を行う役割を担いながらも、動作の影響を受けているのである。

　以上のように、着点動作主動詞は基本義において、「使役移動のプロセス」「動作主への求心性」「動作主の受影性」といった意味的性質を共通して持っていることが分かる。次節では、「再帰動詞」との相違について検討する。

3.3 再帰動詞との相違

　再帰動詞の定義は研究者によって差異がみられるが、本研究でいう着点動作主動詞とかなり近いものもあることから、本節では着点動作主動詞と再帰動詞の相違を明らかにする。

　Givón (1984) は Hopper and Thompson (1980) の研究を踏まえ、他動性の観点から、典型的な二項動詞が表している動作 (two-participant event) は、動作主である人間が意図的に無生物の被動者に動作を行い、被動者が直接かつ完全に動作の影響を受けるということであると述べている。

　一方、二項動詞でも「再帰」という現象が含まれる。Faltz (1977) では、「典型的な再帰コンテクスト」を、2人の参加者のうち、1人は動作主 (Agent) または経験者 (Experiencer) であり、もう1人は被動作者 (Patient) であるが、動作主／経験者と被動作者は同じ実体であると述べている。

　「再帰」に関して Faltz (1977) と類似する見方を示しているものに高橋 (1975) の「再帰態」と工藤 (1995) の再帰動詞がある。

　高橋 (1975) では、「羽を垂れる」「身をちぢめる」のような文は、自分の所属物に働きかける「再帰構文」であるとし、以下のように述べている。

　　対格名詞と他動詞の関係を連語論的にみれば、ものに対するはたらきかけをあらわしているが、構文論のレベルでは、他に対するはたらきかけをあらわしているのではなく、主体である自分の状態をかえることを表している。つまり、対格名詞と動詞のくみあわさった連語が、ひとかたまりになって自動詞相当となり、合成述語をなしている。

　高橋 (1975) は、「つける」や「着る」といった「何かを身につけることを表す」動詞にも触れているが、「再帰構文のほかに」というような表現を使用し、再帰構文と区別している。

　工藤 (1995) では、使役・他動・自動との関係性を考慮すると、再帰動詞は自動詞に近いと述べている。使役および他動は参加者が2つ以上の、主

体から客体へと働きかける外的運動であるが、自動と再帰は、参加者が1つの、働きかけのない内部運動であると述べている。再帰と自動の違いは、「チューリップが芽を出す」と「チューリップの芽が出る」のように、所有者と所有物の内部分化がある場合に、所有者を主語とするか、所有物を主語とするかにあるとしている。

　Kemmer (1993) は以下のようなスキーマで再帰と中間態 (middle voice) を表している。図 11 の点線は、○で表している二人の参与者が同一であることを表し、図 12 は動作主から出た動作が動作主自身に向かうということを表している。

図 11.　The direct reflexive event schema

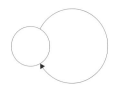
図 12.　The body action middle event schema (Kemmer 1994: 71)

　Faltz (1977) や Kemmer (1993)、また工藤 (1995) の考えをもとに着点動作主動詞と再帰動詞との区別を考えてみると、動作の着点が動作主自身であるという点において、両者が類似しているものの、顕著に異なる点も見受けられる。再帰動詞のほうは動作主と被動作主は同じ実体であり、動作主が自分の身体に働きかけ、動作が終結するという動作を表す。一方、着点動作主動詞は、動作主と被動作主は異なる参与者で、動作主が自分自身に働きかけるのではなく、自分以外の事物に働きかける。これにより、事物を自分の身体、または領域に移動させるという動作を表す。このように、高橋 (1975)、Faltz (1977)、Kemmer (1993) や工藤 (1995) などの定義でいくと、着点動作主動詞と再帰は違うカテゴリーである。

　一方、仁田 (1982)、村木 (1983)、Jacobsen (1989) など、「再帰」をより広くとらえる研究もある。

　仁田 (1982) では、再帰とは、「働きかけが動作主に戻ってくることによっ

て、その動作が終結をみるといった現象」であるとし、再帰的な用法しか持たない「着る」「はく」「脱ぐ」のような動詞を「再帰動詞」、普通の他動詞でありながら、その一用法として再帰的に使われる場合を「再帰用法」と呼んでいる。

　一般的な他動詞は、「太郎は次郎を殴った」、「お菊は皿を割ってしまった」のように、動作主「太郎」や「お菊」とは異なる他の存在、すなわち「次郎」と「お皿」に対する働きかけを表す。これに対して、「着る」「はく」「脱ぐ」は他の存在に向かわず、動作性の働きかけが常に動作主自身に及ぶことによって動作が終結するとし、「再帰動詞」は「典型的な他動詞が有する〈他者への働きかけ〉といった意味的特徴を持たない。動作主から出た働きかけが動作主自身に戻って来ることによって、動作が終結をみるといった意味的あり方をとる動詞である」と定義している。

　一方、「叩く、振る、かむ」などは普通の他動詞でありながら、(62)のように、その一用法として再帰的に使われる場合を「再帰用法」と呼んでいる。

(62) a. 子供は手を叩いて喜んだ。
　　 b. 彼は、こちらを向いて、手を振っている。
　　 c. 慌ててご飯を食べたので、舌をかんでしまった。　　（仁田 1982: 87）

　仁田(1982)は、再帰用法と再帰動詞をひとまとまりにして議論しているため、「着る」や「かぶる」も「動作主から出た働きかけが他の存在ではなく、全て動作主の体の一部に向かう」としている。「手を叩く」「舌をかむ」「足を折る」「腕を挙げる」などの再帰用法は確かにそうではあるが、「再帰動詞」とされる「着る」「はく」などは、「お皿を割る」と同じように、「衣服」という事物への働きかけがある。また仁田(1982)は、「脱ぐ」という動詞も再帰動詞に入れているが、本研究の定義だと「脱ぐ」は着点動作主動詞に入らない。

　さらに、村木(1983)では、以下の文を再帰的用法としている。

(63)　山田は不思議そうに首をかしげている。
(64)　その女はいつまでも目をとじていた。
(65)　窓からとびおりて、彼は足を折った。　　　　　　　（村木 1983: 10）

　また、「汗をかく」「あくびをする」などの生理現象、「下痢をする」「けいれんをする」といった病理現象、そして、「帽子をかぶる」「上着をきる」などの衣服を身にまとう動作も広い意味での再帰的用法としている。これらの動詞は、すべて主体自身の動きを表していて、主体以外のものに働きかける動作ではないとされている。村木（1983）においては、「再帰」をより広くとらえている。ただ、村木も仁田（1982）と同じく、「主体以外のなにものかに働きかける動作ではない」と考え、これは衣服を身にまとう動作に相応しくないと考える。
　また、Jacobsen（1989）は、典型的他動詞と対極にある自動詞との間に、次のようないくつかの意味構造グループがあって、連続体を成しているとしている。

(a)　二つの独立した実体が関わっており、それぞれの意味的役割が異なっている。（赤ちゃん坊が花瓶を壊す）
(b)　二つの独立した実体が関わっており、それぞれの意味的役割は異なっているが、動詞の表す変化の結果、それらが一体化される。（荷物を預かる）
(c)　同一の実体（あるいは同一の実体の違った部分）が、二つの異なった意味的役割を担い、二つの違った名詞として文中に現れる。（再帰的意味）（犬が尻尾を垂れる）
(d)　一つの実体のみが関わっており、それが一つの名詞句として文中に現れながらも、二つの違った意味的役割を担っている。（意図的自動詞）（お婆さんが屈む；敵が寄せる）

(e) 関わっている実体が一つであり、その意味的役割も一つにすぎない。(非意図的自動詞)(花瓶が壊れる)

(Jacobsen 1989: 230)

　これらのうち、(c)の「犬が尻尾を垂れる」などが、「同一の実体(あるいは同一の実体の違った部分)が、二つの異なった意味的役割を担い、二つの違った名詞として文中に現れる」というのを「再帰的意味」としている。他方、「再帰的意味」の定義は、「二つの独立した実体が関わっている真の他動性と、一つの実体しか関わっていない真の自動性の、ちょうど間に位置するものである」とし、(b)(c)(d)をすべて再帰として捉えている。

　本研究で扱う着点動作主動詞は、(b)の「二つの独立している実体が関わっており、それぞれの意味的役割が異なっているが、動詞の表す変化の結果、それらが一体化される」に最も近い。

　このように、「再帰」の意味や範囲が個々の研究ごとにかなり異なっていることが分かる。仁田(1982)を除くFaltz(1977)、高橋(1975)、村木(1983)、Jacobsen(1989)、工藤(1995)は、「足を折る」「身をちぢめる」「首をかしげる」などのような、対象が動作主の身体または身体の一部であるという動作だけ、もしくはそのような動作を中心に取り上げている。本研究では、再帰動詞と区別して着点動作主動詞を使う。そして、着点動作主動詞は、典型的な他動詞と典型的な再帰動詞の間に位置すると考える。

注
1　類似の分類はBackhouse(1981)にもみられる。Backhouse(1981)は、衣類とアクセサリーなどの非衣類と区別し、衣類動詞(clothing verb)と非衣類動詞(non-clothing verb)に分けている。そして、衣類動詞には身につける身体部位、また非衣類動詞には着衣の方法がそれぞれ問題になるとされる。
2　言語の制約間に優先順位を設定することができるという考え方は、最適性理論(Optimality Theory: OT)(Prince and Smolensky 1993)にもみられる。

第 4 章　着点動作主動詞の意味拡張にみられる方向性

　本章ではまず、コーパスデータに基づいて、着衣動詞、摂食動詞などの下位の動詞類ごとに〈不快な経験をする〉という拡張義を詳細に検討する。そのうえで、〈不快な経験をする〉へ拡張する動詞の割合を示し、着点動作主動詞が意味拡張する際にみられる〈自分の領域へのモノの移動〉から〈不快な経験をする〉へという方向性を明らかにする。さらに、着点動作主動詞ではあるが、意味拡張を行わない、あるいは拡張はしても〈不快な経験をする〉という意味を持つようにはならない動詞、すなわち、メタファー写像の欠けと呼ばれる現象について考察を加える。また、〈不快な経験をする〉という主語にとってネガティブな拡張義を持つと同時に、ポジティブな拡張義も合わせて持つ動詞についても考察する。これらの現象がみられる理由を明らかにすることで、意味拡張の方向性はある程度予測可能であることを提示する。

4.1　着点動作主動詞の意味拡張

4.1.1　着衣動詞の意味拡張

　第 3 章において述べたように、日本語には着衣動詞とされるものが 6 つみられるが、そのうち「着る」「かぶる」「こうむる」の 3 つは、ともに〈[好ましくないことを]身に受ける〉という意味に拡張している。
　「着る」は着衣動詞から意味拡張し、基本義の時の必須要素である〈衣類〉が消失し、(1)と(2)のように、〈[罪などを]自分の身に受ける〉とい

う意味が派生した。その意味で使われる際、共起する目的語には「罪(冤罪)」や「汚名」などがみられる。

（1）　しかし自分が悪い覚がないのに、むやみに罪を着るなあ、どうしても己の性質としてできない。　　　　　（青空文庫　夏目漱石：坑夫）
（2）　「暴徒」の汚名を着て生きて行くのは自分一人で十分であった。
　　　　　　　　　　　　　　　　（BCCWJ　岡田和裕：囚人部隊）

　また、「着る」は「恩」と共起することもできる。「恩」の場合、格パターンは「罪」などとは異なり、主に「恩に着る」という組み合わせである。「恩に着る」は以下の文のように、〈[罪などを]自分の身に受ける〉と違って、自分から進んで、〈恩として受ける〉という意味で使われる。

（3）　「速水さん。お願いですから、智恵を借して下さい。十分恩に着ますわ」　　　　　　　　　　（青空文庫　海野十三：三人の双生児）
（4）　「あぶないところを、助けてもらった。有難う。恩に着るよ」甚右衛門は息をついて、礼を言った。
　　　　　　　　　　　　　　（BCCWJ　南原幹雄：吉原おんな繁昌記）

　「かぶる」も着衣動詞から、基本義の必須要素である〈衣類〉、そしてさらに〈頭〉などの身体部位の指定を失い、〈[責任や罪などを]引き受ける、または身に受ける〉という意味へ拡張している。「{罰／罪／責任／負債／被害／損害}をかぶる」などがそれである。（5）と（6）はこの拡張義の例である。

（5）　いずれにしても、吉崎は誰かに命令されて無実の罪をかぶったのです。　　　　　　　　　　　（BCCWJ　小杉健治：影の核心）
（6）　倉庫は三分の二が被害を被り、北棟の三階に保管していたと思われる松方コレクションを含む美術品は焼けてしまった。
　　　　　　　　　　　　　　　（BCCWJ　石田修大：幻の美術館）

第 4 章　着点動作主動詞の意味拡張にみられる方向性　73

　このような拡張は「かぶる」と類似の基本義を持つ「こうむる」にもみられる。「こうむる」は(7)、(8)、(9)のように、〈[災害や被害など好ましくないことを]受ける〉という意味に拡張している。

（7）　しかしながら、最近こういう台風の常襲地帯の形が変わってきたということと、思いがけない地帯に台風があるという中で、高知、徳島、こういう県は二年にわたって大被害をこうむるという実に痛ましい状況になりました。　　　　　（BCCWJ　国会会議録：第078回国会）
（8）　アルコール症というのは、単に患者自身が精神的、肉体的障害をこうむるだけではなくて、離婚やら、あるいは交通事故、労働災害、犯罪、はかり知れない深刻な影響を広範な社会的な広がりをもって与えているわけであります。　　　（BCCWJ　国会会議録：第084回国会）
（9）　このことを声高に申しますと、余計に不利益を被る、さらに偏見が拡散されるという悪循環に陥るために、あまり強調されてきておりませんが、このことで悩む人は今も少なくありません。
　　　　　　　　　　　（BCCWJ　萱野茂・他：アイヌ語が国会に響く）

現代日本語において、「こうむる」は〈[帽子や布団などで]頭部または体全体を覆う〉という基本義より、〈[災害など好ましくないことを]受ける〉という意味でのほうがよく用いられている。
　このように、着衣動詞のうち、「着る」には〈[罪などを]自分の身に受ける〉、「かぶる」には〈[責任や罪などを]引き受ける、または身に受ける〉、「こうむる」には〈[災害や被害など好ましくないことを]受ける〉という拡張義があり、この3つの動詞はともに〈不快な経験をする〉へと意味拡張している。しかし、全ての着衣動詞が類似の拡張方向を辿っているわけではなく、「はく」「まとう」「はおる」にはこの種の意味拡張はみられない。このような拡張しない着点動作主動詞については、4.3節で触れる。

4.1.2　負荷動詞の意味拡張

　負荷動詞にも〈不快な経験をする〉という意味へと拡張する傾向がみられる。

　「負う」は〈背中に［ものの重みを］受ける〉という基本義から、〈［傷や病気を］受ける〉という派生的な意味が生じた。

(10)　ほかには、車いすに移す際や、座っているときに転落し、打撲やかすり傷を負うといったものです。
　　　（BCCWJ　青木信雄・橋本美知子(編)：寝たきり老人はつくられる）
(11)　体罰を加えることが非常に多いのは二十代後半の中学の体育の教師で、体罰を受けた児童生徒の約七〇％が何らかの傷害を負っている。
　　　（BCCWJ　国会会議録：第103回国会）

　また、〈［借金・責任といった負担を］受ける〉という意味への拡張もみられる。

(12)　遺族が相続する「遺産」は、預貯金や株券や不動産と言ったものに限らず、借金などの「負の遺産」も相続することになります。よって、遺族の方が、ふつうの資産と同様に相続し、その借金を負うことになります。
　　　（BCCWJ　Yahoo! 知恵袋）

　「負う」は〈［傷や病気を］受ける〉や〈［借金・責任といった負担を］受ける〉といった拡張義で使用される時、「病気／重傷／障害／ハンディキャップ」や「責任／負担／義務／借金／税金／債務／重荷／リスク／危険」など、様々な目的語がみられる。基本義においては、背負うものの量が多ければ負担に感じやすくなるが、〈［借金・責任といった負担を］受ける〉という拡張義で使われる際は、物事の量でなく、それが自分にとって負担に感じるかどうかがポイントになる。(12)にある「遺産」は「正の遺産」の場合、それが大量にあったとしても、通常は「遺産を負う」とは言わない。

「背負う」と「しょう」は〈［負担となることを］受ける〉という意味で使用される。

(13) 父が急逝し、国男は俄に家と事務所を背負ってすっかり神経質になり、寿江子も境遇の激変から妙になって、兄を不信し、そんなこんなで私は帰ってからも相当でした。
(青空文庫　宮本百合子：獄中への手紙)

(14) そんな気の遠くなるような、ひそやかな恋が、ただ一度の罪で、恐ろしい運命を背負うことになってしまったんだろうか。
(BCCWJ　氷室冴子：なんて素敵にジャパネスク)

(15) あるいは文部省がむしろその中で中核的な行政組織として推進役を果たすという意味では私は、これはかなり重い責任と複雑な業務をしょうことになるなという気がいたします。
(BCCWJ　国会会議録：第136回国会)

(16) そして収益に至るリードタイムというものもかなり長いということで、かなり大きなリスクをしょっているものであるということも私の方でも承知しております。　(BCCWJ　国会会議録：第144回国会)

(17) たった三年の間に、十二万フランの負債をしょったバルザックは、遂に力つきて、美しい出版物を紙屑のような価で投げ売りにした。
(青空文庫　宮本百合子：バルザックに対する評価)

「負う」や「背負う」などは、基本義の時、着点となる身体部位に「背中」という指定があるが、拡張義になると身体部位の指定がなくなる。

(18) 腕と足に傷を負っているようだ。　(BCCWJ　北方謙三：風の聖衣)
(19) その時から十数年ほど前に、日本では、維新の功臣で、大臣にもなった芳川顕正という貴族の娘が、抱えの運転手と恋愛して、鉄道自殺をはかり、男は即死し、女は顔面に傷を負って生きのびた事件があって、世間を瞠目させたが…　(BCCWJ　金子光晴：上海読本)

(20) 老人の世話を含めて煩雑な家族の問題を一身に背負っている女と、それにはいっさい目を閉じている男。
(BCCWJ　天野正子：老いの万華鏡)

　また、「抱える」は〈[絶えず対処しなければならないような負担を]持つ〉という拡張義を持っている。「負う」「背負う」「しょう」と異なり、「抱える」には「問題／課題／赤字／悩み／不安」などのほか、「子供／妻子／年寄り／障害者／(病気に苦しむ)患者」などを目的語にとる表現が多くみられる。

(21) 常時四〇人もの職人や弟子をかかえ、五軒くらいの現場の指揮をしていたが、各現場の主任から難航している工事の箇所の工法の問合わせの電話があると、図面も見ずに直ちに指示した。
(BCCWJ　島田燁子：日本人の職業倫理)
(22) 高齢者を抱えている人を身近で捜す。高齢者を持つ家族は、けっこう同じような問題を抱え、同じような悩みを抱えていることが多い。
(BCCWJ　和田秀樹：老人を殺すな！)

　「抱える」の場合、「子供を抱える」というと、〈子供を腕の中に支え持つ〉と解釈することが可能であるが、〈子供を育てて、世話する責任を持つ〉という意味でも解釈できる。しかし、「子供を背負う／負う／しょう」となると、物理的な意味にしかとることがない。これは、「抱える」場合、支え持つ位置に手(腕)が関わるが、この手は身体部位の中で最も能動性の高い身体部位である(詳細は第8章)。そのため、手の動きが必要とする介護や世話など〈対処しなければならない〉という意味が「抱える」に生じたのである。一方、「負う」「背負う」では、支え持つ位置として手(腕)が関与しないため、拡張義にも〈対処する〉という意味が生じていないと考えられる。
　最後は「抱く(いだく)」で、「いだく」は〈[考えや気持ちを]心の中に持つ〉という意味がある。

(23) でも、父も母も、その他すべての人が、何等かの辛さや苦しさや不安を抱いて生きてきたし、生きているのだ。

（BCCWJ　望月宏子：教師になってよかった）

(24) 美穂は何もいわず微笑んだ。野口に好感を抱いていると思わせる笑みだった。

（BCCWJ　江波戸哲夫：偽薬）

「いだく」には(24)のように、「好感」のようなポジティブな感情にも使える。4.2節において再度論じるが、「いだく」が〈［考えや気持ちを］心の中に持つ〉という意味で使用される時、青空文庫のデータでは78.7％(159／202)がネガティブな感情と共起していることが分かる。その主な例としては、「不平／不満／不安／不審／不快感／違和感／劣等感／嫌悪感／不信感／反感／悪意／敵意／殺意／怨恨／疑問／疑惑／恐れ／憂い」などがある。その一方、「いだく」と同じ基本義を持つ「だく」には類似の意味拡張はみられない。

さらに、負荷動詞の中でも、特に「いだく」は感情を表す用途に限定されている。負荷動詞は基本義において、「負う」「背負う」は人やものの重みを「背中」にかけ、「抱える」は腕で胸や脇などに、「(い)だく」は主に両手で胸のところに対象物を寄せる。「(い)だく」の「胸」というのは、「胸のうちを明かす」「胸を秘める」「胸がいっぱいになる」「胸をふくらませる」などの言語表現があるように、感情や思考を納める「容器」であるとされているため、「胸」と密接な関係にある「いだく」が感情表現に拡張したのではないかと考えられる。

4.1.3　摂食動詞の意味拡張

摂食動詞は、基本義においても意味拡張においても特殊な振る舞いをみせるため、近年注目を集め、数多くの研究がなされてきた。まずはこの種の動詞に関する先行研究に触れておく。

日本語の「食う」について意味分析を行った研究として、斉藤(1977)、篠原(1999)、Yamaguchi(2009)などが挙げられる。斉藤(1977)では、「食

う」には以下のように6つの意味があるとしている。

(25) ①〈食べものを体内にとりこむ〉
　　 ②〈生活する。くらしを立てる〉
　　 ③〈一部を自分のものにする。占有する〉
　　 ④〈相手の力をおさえる。圧倒する。軽くみる〉
　　 ⑤〈必要とする〉
　　 ⑥〈めいわくな行為や作用を受ける〉
　　　　　　　　　　　　　　　　　　　　　　（斉藤 1977: 50）

　斉藤はさらに、「食う」と比較して、「食らう」は「食う」の①と⑥の意味は持っているものの、③、④、⑤の意味はなく、②の意味は「食らう」にもあることはあるが、「食う」の例の全てを言い換えられるわけではないと述べている。
　篠原（1999）では、「食う」（ただし、例では「食う」と「食らう」の区別をせずに挙げている）の意味分析を行い、図1のような多義ネットワークが提示されている。
　篠原（1999）では主に、(26)のような〈［相手に］［不利益を］与える〉という意味（図1の(f)(g)(h)(i)）と、(27)のような〈［相手から］［不利益（不快な行為）］を受ける〉（図1の(j)(k)(l)）という、一見対立しているようにみえる「食う」の拡張義の両面性に注目している。

(26) ⅰ 〈より強い相手をうち負かす〉
　　　a. 平幕が横綱を食った。
　　　b. 優勝候補が無名の選手に食われた。
　　ⅱ 〈人の領土や利益を奪う〉
　　　a. 彼は対立候補の地盤を食った。
　　　b. スーパーに食われて、商店街の売り上げが減った。
　　　c. 人気のあるタレント候補に票を食われた。
　　ⅲ 〈人に敵対的な態度で向かって行く〉

第 4 章　着点動作主動詞の意味拡張にみられる方向性　79

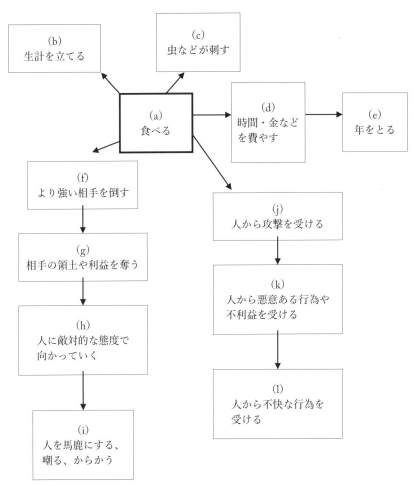

図 1.「食う」の多義ネットワーク（篠原 1999: 31）

  a. 太郎は父親に食ってかかった。
  b. 生徒の一人が食いついて来た。
 iv〈人を馬鹿にする。嘲る。からかう〉
  人を食った態度
(27) i〈人から攻撃を受ける〉
  a. 強烈な蹴りを食らった。

b.　これでも食らえ！
ⅱ〈人から悪意ある行為や不都合なことを受ける〉
　　a.　太郎の話に一杯食わされた。
　　b.　会場からのブーイングを食ってしまった。
　　c.　締め出し［乗船停止／差し押さえ］を食った。
ⅲ〈人から不快に思うことを受ける〉
　　父から説教を食らった。　　　　　　　　　　　　篠原(1999: 30)

　EAT動詞の拡張の両面性に注目した研究は、他にも松本(2006a, 2006b)やパルデシ(2009)が挙げられる。
　松本(2006b)は、「食う」と「食べる」を比較し、食する行為の2つの側面、すなわち対象物を減少させることと、動作主自身の体に取り組むことが、メタファー的にそれぞれ〈［無生物が］［有限なものを］消費する〉、〈［ありがたくない事を］身に受ける〉に拡張したと指摘している。

(28)　このやりかたは {時間／電力} を {*食べる／食う}。
(29)　{パンチ／不意打ち} を {*食べる／食う}。　　　　(松本 2006b: 76)

　堀江・パルデシ(2009)においても、(30)は「食う」の主語に相当するものが動作主として解釈され、目的語名詞句の指示物を「消費」し、また、(31)は、「食らう」の主語に相当するものが動作の被動作主であり、目的語名詞句で表現される「被害」を被ると述べている。後者の場合は「語彙的な受動表現」としている。

(30) a.　この車はかなりガソリンを食う。
　　 b.　この機械は結構電気を食う。
　　 c.　このソフトはかなりスペースを食う。
　　 d.　この仕事は相当時間を食う。
(31) a.　耳の近くに平手打ちをくらって半日ほど片耳が聞こえにくくなって

b. 大久保はタイ戦の7日前のオマーン戦（アウェー）で相手GKに蹴りを見舞い、一発退場をくらった。
　　c. 我が家も関東80万世帯を巻き込んだ停電を食らったのである。
　　d. 意外なところで映画公開前に重大なネタバレをくらったのが残念だ。
　　　　　　　　　　　　　　　　　　　（堀江・パルデシ 2009: 215）

　以上のような先行研究を踏まえて、日本語の摂食動詞の拡張義についてみてみよう。まず、「食う」と「食らう」はともに〈［攻撃や処罰など望ましくないことを］受ける〉という意味に拡張し、目的語の位置に来られるものの数が多く、かなり生産性が高い。

(32)　自分はその時場合によれば、兄から拳骨を食うか、または後から熱罵を浴せかけられる事と予期していた。　（青空文庫　夏目漱石：行人）
(33)　広島は原爆直後の九月、台風禍の少ない中国地方としては空前絶後の台風に見まわれ、被爆者はダブルパンチを食った。
　　　　　　　　　　　　　　　　　（BCCWJ　関千枝子：ヒロシマ花物語）
(34)　もろにカウンターパンチをくらったみたいに、目の底が赤くなっていた。　　　　　　　　　　　　　（BCCWJ　宮部みゆき：蒲生邸事件）
(35)　しかし、その提言が経済の次元でとどまった場合「景気対策など、過去十年やったのに効果がなかった」と単純素朴な反駁をくらうと議論も止まってしまう。　　　　　　　（BCCWJ　中西輝政：日本の「死」）

　(33)と(34)から分かるように、「食う」だけではなく、一緒に共起している名詞の「パンチ」にも意味拡張が生じている。現代日本語書き言葉均衡コーパスで検索したところ、「ダブルパンチ」は7件あるが、全て〈精神的打撃〉という意味で使用されている。また、「打撃」という言葉も、「ショック」も身体的な衝撃から心理的な衝撃へと拡張している。さらに、打撃や攻撃のほかに、処罰などが目的語にくることもある。

(36) 子供はつかまったそうだ。親がえらい罰金をくうのだろう。
(青空文庫　宮本百合子：新しきシベリアを横切る)
(37) 『働く婦人』創刊号は、十二月二十五日前後に市場にでると間もなく発禁をくった。　　　（青空文庫　宮本百合子：婦人雑誌の問題）
(38) 広雄は映画が好きで、郡山では学校の網の目をくぐっては映画館に出入りし、停学処分をくらったことがあった。
(BCCWJ　生源寺美子：きらめいて川は流れる)

「喫する」は「食う」「食らう」と違い、〈[敗北を] 受ける〉という意味へ拡張している。

(39) 巨人軍は結局、西武に四連敗を喫する。
(BCCWJ　井上一馬：自由が丘物語)
(40) 枠組みの維持が本当に大切なら、自民党が政権の座を追われ、社会党が歴史的敗北を喫するはずはなかった。
(BCCWJ　リチャード・クー：良い円高悪い円高)

一方、「飲む」は〈[受け入れがたい内容の提案を] 妥協して受け入れる〉へ拡張している。

(41) 一日も早く噂をもみ消すことだけを考えているモントルイユ夫人は、いっさいの要求を呑むことを承知しました。
(BCCWJ　桐生操：眠れぬ夜の恐ろしい話)
(42) そして、残金の七百万円は、兄が連帯保証人になってくれさえしたら、分割払いの条件を呑むというのだ。
(BCCWJ　和久峻三：法廷の魔術師)

「飲む」については、Yamaguchi (2009)においても、〈液体を飲む〉ことからメタファー的に 'accepting unconditionally' という意味へ拡張したと指摘

しているが、しかしなぜ「液体を飲む」ことから〈不本意に〉という意味が生じるのかについては説明していない。

「なめる」に関して言うと、以下の例文が示しているように、〈[つらい事や苦しい事を]十分に経験する〉という拡張義を持っている。(43)において、同じ文中に、「精神的な苦しみを悉に嘗めた」と平行して、「その限りない苦しみを体験する」という表現もある。

(43) わたくしは怖ろしい<u>精神的な苦しみを悉に嘗めた</u>のでありますが、その限りない苦しみを体験するにつけ、彼女がわたくしに与えてくれた愛情がますます貴重なものに思われて来るのでした。

(青空文庫　モオパッサン秋田滋訳：墓)

「苦しみ」という「苦」のほか、「辛」や「酸」も「なめる」の対象になりうる。

(44) 翌四日は、ところどころ土漠に飲み込まれて消えている仮舗装の道路、五百五十キロメートルを、ラリー車同様の<u>辛苦をなめ</u>ながら走りきり、つぎのラリー・キャンプ地、サブハーに着いた。

(BCCWJ　中村正軌：アリスの消えた日)

(45) しかし、蒸気機関を動力にした機械式工場システムの発達により、手織り織機による布織りは衰退していったのである。私の父も、こうした変化によって<u>苦汁をなめた</u>一人であった。

(BCCWJ　田中孝顕・Carnegie, Andrew：富の福音)

(46) 山川自身は、会津落城後、一万数千名の藩士と家族を率い、下北半島の開拓に当たり、凍餒蛮野の地で<u>辛酸をなめる</u>。

(BCCWJ　星亮一：会津藩燃ゆ)

同じく摂食動詞の「吸う」は、「甘い汁を吸う」という慣用句において、〈苦労せずに利益を得る〉という自分にとって有利な経験を表すが、これは

あくまでも「甘い汁を吸う」の組み合わせに限られ、「吸う」の意味としては定着していない。

4.1.4　知覚動詞の意味拡張

知覚動詞の中で、〈不快な経験をする〉へ拡張する傾向がみられるのは視覚動詞の「見る」だけである。聴覚の「聞く」、嗅覚の「嗅ぐ」などにはみられない。

日本語の視覚動詞の典型である「見る」の意味拡張や多義構造に関しては、田中（1996, 2002）で詳細な分析がなされている。しかし、田中（1996, 2002）は主に「見る」が〈視覚〉から〈理解〉や〈判断〉などの〈高次認識〉への拡張に注目している。これは、今まで多く議論されてきたKNOWING IS SEEING（知ることは見ることである）というメタファーと関係している。(47)にある一連の概念メタファーが示しているように、〈視覚〉を表す語彙が〈認知〉を表すようになるという方向性は多くの言語に共通して観察されている（Lakoff and Johnson 1980, Sweetser 1990）。

(47) a.　KNOWLEDGE AND INTELLECT ARE PHYSICAL SIGHT
　　　　（知識や知性は物理的視覚である）
　　b.　MENTAL VISION IS PHYSICAL VISION
　　　　（心理的視覚は物理的視覚である）
　　c.　KNOWING IS SEEING
　　　　（知ることは見ること）　　　　　　　　（Sweetser 1990: 32–33）

一方、本研究で議論する拡張義は先行研究では深く考察されてこなかった。森田（1989）は「見る」に、〈他者への介入ではなく、自身や当人の経験行為として［ある状態を］体験する〉という意味があるとし、「自分だけいい目を見る」の場合は動詞の語義として〈経験〉を表し、「ばかを見る」の場合は慣用句としている。田中（1996）においても、メトニミー経由で拡張した〈［ある状況を］経験する〉／〈［ある状況が］出現〉する〉という意味

を挙げられている。拡張のプロセスについて、田中は以下のように説明している。

> 〈経験〉は見る、聞く、嗅ぐ、味わう、触れるなどの知覚に基づく認知をすべて含んでおり、さらに直接な知覚を超えて、状況という複雑な対象の抽象的性質認識をすることもまたそれについてさまざまな感情を抱くことも〈経験〉に含まれる。したがって〈経験〉は「みる」の基本義である視覚的認知よりはるかに大きなカテゴリーであり、〈経験〉を表わすこの意味の派生原理はメトニミーということになる。
>
> （田中 1996: 132）

つまり、視覚は経験の典型であるため、典型的メンバーによって経験全体を表すというメトニミーに動機付けられるというのである。しかし、実際に「見る」が表しているのは、(48)から(50)のように、全ての経験ではなく、主にネガティブな経験に限られている。この点について、先行研究ではまったく触れられていない。本研究では、視覚の「見る」には〈経験〉だけではなく、〈［望ましくないこと］を経験する〉という今まで指摘されてこなかった拡張方向を指摘する。

(48) 瀬良三石は、洋画家で、毎年帝展へ二三枚は絵を運ぶのであったが、<u>落選の憂き目を見ること</u>度々で… （青空文庫　林芙美子：泣虫小僧）
(49) 吉岡の喜ぶ顔を見るためなら、少々の<u>痛い目は見ても</u>しかたないと、あぐりは静かなる絶望とともに考えている。
　　　　　　　　　　　　　（BCCWJ　田辺聖子：ジョゼと虎と魚たち）
(50) あんまり人の云う事を真に受けると<u>馬鹿を見るぜ</u>。一体君は人の言う事を何でもかでも正直に受けるからいけない。
　　　　　　　　　　　　　（青空文庫　夏目漱石：吾輩は猫である）

さらに、視覚と関連する「会う」にも類似の拡張傾向がみられる。「会

う」は〈お互いに対面して［相手を］認識する〉という基本義から拡張して、〈［望ましくない出来事に］接する〉という意味が派生し、定着したと考えられる。「見る」と違って、〈悪い事態／いやな体験〉などは辞書の見出しにもなっていることから、拡張義におけるネガティブなニュアンスはかなり定着したものと考えることができる。「見る」のように、「痛い目／ひどい目／恐ろしい目／えらい目／憂目」の使用例がある一方、「事故／犯罪／被害／詐欺／いじめ／リストラ」など、目的語にくる名詞の種類もかなり多く、意味の範囲が「見る」より広い。

(51) それどころか、結婚をして一人の人間が二人になると、一人でいた時よりも人間の品格が堕落する場合が多い。恐ろしい目に会う事さえある。
　　　　　　　　　　　　　　　　　　　（青空文庫　夏目漱石：行人）
(52) 母の死目に会うよりは、むしろ死んだ後に行った方が、悲しみが少ないかも知れないなどと思い耽っている彼だった。
　　　　　　　　　　　　　　　　　（青空文庫　芥川龍之介：お律と子等と）
(53) しかし用心していても、いつどこで犯罪にあうかわからないという危険性は絶えずあります。　（BCCWJ　黒木雅子：異文化論への招待）
(54) ないという批判に加え、評価率の引き上げは大都市部での大増税につながり、住民の抵抗にあうことを懸念したためでした。
　　　　　　　　　　　　（BCCWJ　日本経済新聞社：ベーシック／税金問題入門）

　久野(1973)では、目的語を表す格助詞「と」と「に」のいずれもをとりうる動詞として「会う」を挙げ、「面白いのは災難、被害を表わす場合には「に」が用いられるが、幸運を表わす場合には、「に」が用いられない」と述べている。

(55) a.　{嵐／吹雪／地震／ひどい目／悲しい目} に会う
　　 b.　*{そよ風／お天気／嬉しい目} に会う　　　　（久野 1973: 64）

本研究では、(55b)が容認できないのは、格助詞「に」の問題ではなく、不快な経験にかたよるという「会う」の意味的性質が原因であると考える。

4.1.5 その他の動詞の意味拡張

着点動作主動詞において、「買う」「招く」及び「来す」も〈不快な経験をする〉への拡張をみせる。

「買う」は基本義の場合、〈お金を払い、［商品（品物や使用権など）を］自分のものにする〉という行為を表すが、意味が拡張して〈何らかの行動で、［よくない評判や反応を］引き起こす〉という受動的な意味を持つようになる。「｛反感／不評／ひんしゅく／恨み／軽蔑／怒り／失笑／憎しみ｝を買う」などの「買う」はこの意味で使われている。

(56) だから、自転車の放置が、警察の咎めを受けるだけでなく、地域住民の怒りを買うことなどを考えもしない。
（BCCWJ　草森紳一：コンパクトカメラの大冒険）

(57) 文章を論ずるには、当人の作品のうち佳作だけをとりあげ、欠点は指摘しない。だから批評によって恨みを買うことがない。
（BCCWJ　本田濟：抱朴子）

そして、「招く」は〈何らかの行動で、［結果として好ましくない事態を］引き起こす〉というネガティブな経験を表す意味を持っている。これは森田(1989)や小泉他(1989)でも指摘されている。森田(1989)では、「招く」には〈事柄が結果としてマイナスの事態を引き起こす〉という意味があり、この意味で使用する時、「AガCヲ招く」というのは、Aが原因でCがAによる結果である、と指摘されている。

「招く」は〈何らかの行動で、［結果として好ましくない事態を］引き起こす〉という拡張義で使用される際、共起する目的語としては、「誤解／災い／混乱／疑惑／危機／軽蔑／人の笑い／不幸／悲劇／損失」などがみられる。(58)と(59)はその使用例である。

(58) 飲酒直後には血圧が下がりますが、大量摂取を続けると、<u>高血圧を招きます</u>。　　　　　　　　（BCCWJ　高尾信廣：高血圧）
(59) しかし日本人はしばしばいとも気軽にメイビーを使いすぎて、<u>誤解を招いている</u>という話をよく聞く。
　　　　　　（BCCWJ　広淵升彦：スヌーピーたちの言葉は泉のように）

　「招く」と類似の基本義を持つ「呼ぶ」には、〈[事物、人（の行動）]が［ある反応や結果を］引き起こす〉という拡張義がある。これは主体の意識によらず、無意識的作用である（森田 1989, 鈴木 2009）。下の例が示してあるように、「招く」と異なり、「呼ぶ」は不快な経験に限定されていない。

(60) 世代の言葉のようだけれど、映画などにもよく出てくる。しかしこれはへたに使うと<u>反発を呼ぶ</u>。
　　　　　　（BCCWJ　広淵升彦：スヌーピーたちの言葉は泉のように）
(61) <u>品薄高</u>が<u>品薄高を呼び</u>、<u>安値</u>が<u>安値を呼ぶ</u>とも言われております。
　　　　　　　　　　　（BCCWJ　国会会議録：第 094 回国会）
(62) <u>人気</u>が<u>人気を呼んで</u>、いまでは毎日三千食が売れる。年商一億五千万円。　　　　（BCCWJ　上前淳一郎：人・ひんと・ヒット）

　また、「来す」には〈来るようにする〉という意味から、(63)や(64)のように、〈結果として［望ましくない事態を］引き起こす〉という意味への拡張がみられる。

(63) 研究室は学生に封鎖されて実験は不可能となってしまい、外来、入院患者の診察にさえ<u>多大の支障をきたす</u>ありさま。
　　　　　　（BCCWJ　星野孝：がんはやっぱりストレスが原因だった）
(64) でもこれでも長期的しかも慢性的に少しずつ積み重なっていくと、緊張と不安を高め、さまざまの<u>心身の異常をきたす</u>原因になってしまう。　　　　　（BCCWJ　鴻野日出男：ご隠居マニュアル）

4.2 着点動作主動詞の意味拡張にみられる方向性

着点動作主動詞は合計で34ある。そのうち、「はく」「まとう」「はおる」「嗅ぐ」「抱く（だく）」「担ぐ」「食する」の7つには意味拡張が生じていない。したがって拡張のある動詞は27語ということになる。意味拡張がみられる27語のうち、「着る」などの17語の動詞は、以下の表1が示しているように、〈不快な経験をする〉という拡張義を持つ。つまり、63.0％の着点動作主動詞が〈不快な経験をする〉という意味へ拡張しているということが分かる。

しかしながら、その一方で、「招く」は「{幸福／幸せ}を招く」というように有利な経験も表すことができる。「いだく」にも「{好感／信念／理想}をいだく」というような表現がみられる。この点に関しては、「青空文庫」を使って、各動詞が表1に挙げた拡張義で使用される際に、共起する目的語を検索し分析を行った[1]。目的語は快な経験を表すもの、不快な経験を表すもの、そして中立の3つに分類し、そのうち不快な経験を表す目的語の割合は表2の示す通りとなった。

表2から分かるように、不快な経験を表す目的語の比率が70.0％以上をしめている。このように、着点動作主動詞は、意味拡張のある27語の動詞のうち17語、つまり、63.0％という割合で〈不快な経験をする〉という意味へ拡張することが確認された。

4.3 語彙レベルの写像の欠け

63％という割合から分かるように、着点動作主動詞の全てが〈不快な経験をする〉へという方向に沿って意味拡張を起こしているわけではない。着点動作主動詞のうち、一部の動詞は意味拡張しないか、また拡張しても〈不快な経験をする〉への拡張はみられない。着衣動詞の場合、「着る」「かぶる」「こうむる」「はく」「まとう」「はおる」があるが、そのうち「着る」「かぶる」「こうむる」は〈不快な経験をする〉へと意味拡張を起こしている

表 1. 各動詞の基本義・〈不快な経験〉の拡張義及び使用例

動詞	基本義		拡張義	例
着る	{上半身に[衣類を]／体全体に[上下一セットまたは上下一体の衣類を]}身につける	→	[罪などを]自分の身に受ける	罪、冤罪、汚名、悪名
かぶる	[帽子や布団などで]頭部または体全体を覆う	→	[責任や罪などを]引き受ける、または身に受ける	罪、責任、損失、負担、悪名、汚名、赤字
こうむる	「カガフル」の転、「被る」と同義	→	[災害や被害など好ましくないことを]受ける	打撃、不興、損害、圧迫、被害、戦災
負う	背中に[人や物の重みを]受ける	→	[傷や病気を]受ける／[借金・責任といった負担を]受ける	責任、負担、債務、恨み、危険、困難、重傷
背負う	背中に[人や物の重みを]受ける	→	[負担となることを]受ける	ローン、借金、罪、負担、不幸、責任、課題
しょう	背中に[人や物の重みを]受ける	→	[負担となることを]受ける	負債、損害
抱える	[物を]腕で囲むようにして胸で支えたり、脇の下に挟んだりして保持する	→	[絶えず対処しなければならないような負担を]持つ	課題、難問、ストレス、赤字、悩み、借金
いだく	両腕を前に回して[人や物を]胸のところに寄せる	→	[考えや気持ちを]心の中に持つ	不信、不満、不安、恐怖、恨み、悩み、疑問、反感
食う	[主に個体状の食物を]口に入れ、かんで喉を通して体内に送り込む	→	[攻撃や処罰など望ましくないことを]受ける	拳骨、叱言、不意打、小言、暗撃、理窟、罰金
食らう	[飲食物を]口に入れ、更に喉を通して体内に送り込む	→	[攻撃や処罰など望ましくないことを]受ける	一撃、攻撃、説教、不意打、一喝、爆撃
のむ	[主に液体状の飲食物(薬を含む)を]口に入れ、かまずに更に喉を通して体内に送り込む	→	[受け入れがたい内容の提案を]妥協して受け入れる	条件、要求
喫する	[飲食物・嗜好品を]口に通して体内に取り込む	→	[敗北を]受ける	惨敗、敗北、驚き、恐慌
なめる	[液体または物の表面を]舌の先で触れる	→	[つらい事や苦しい事を]十分に経験する	辛酸、苦しみ、苦痛、苦労、辛苦
見る	[事物を]視野に入れて目に映す／[視野に入ってきた物事を]主体が認識する	→	[望ましくない出来事を]経験する	禍、損失、不幸、失敗、憂目、泣き、辛い目
来す	来るようにさせる	→	結果として[望ましくない事態を]引き起こす	支障、異常、困難、混乱、破綻
買う	後で返す約束で、[他人(または機関)の品物や金銭などを]自分のところに移す。もしくは(使用料を払って)[土地、建築物などの使用権を]一次的に自分のものにする	→	何らかの行動で、[よくない評判や反応を]引き起こす	怒り、恨み、冷笑、反感、嘲笑、反発、不信
招く	手などを振って合図を送り、[相手に]自分の所に来てもらう	→	何らかの行動で、[結果として好ましくない事態を]引き起こす	誤解、混乱、災、不幸、失敗、損失、悲劇、反感

表2. 各動詞が拡張義で使われる時にとる不快な目的語の比率[2]

動詞	食う	食らう	喫する	抱える	飲む	着る
〈不利益〉な目的語の比率	100% (75/75)	100% (10/10)	100% (10/10)	100% (14/14)	100% (4/4)	100% (9/9)
動詞	招く	なめる	買う	見る	負う	背負う
〈不利益〉な目的語の比率	97.70% (85/87)	94.44% (51/54)	93.30% (28/30)	93.18% (41/44)	87.63% (85/97)	83.33% (10/12)
動詞	かぶる	来す	いだく	こうむる	しょう	
〈不利益〉な目的語の比率	83.33% (15/18)	79.63% (43/54)	78.71% (159/202)	73.05% (103/141)	72.73% (8/11)	

表3. 着点動作主動詞の意味拡張分布

動詞類 \ 拡張	意味拡張有り		意味拡張無し
	〈不快な経験〉有り	〈不快な経験〉無し	
着衣動詞	着る、かぶる、こうむる		はく、まとう、はおる
負荷動詞	負う、背負う、しょう、抱える、いだく	担う	担ぐ、だく
摂食動詞	食う、食らう、飲む、なめる、喫する	食べる、吸う	食する
知覚動詞	見る	聴く	嗅ぐ
その他	買う、招く、来す	呼ぶ、借りる、もらう、受ける、浴びる、預かる	

ものの、「はく」「まとう」「はおる」の3つは意味拡張が生じていない。以上のような、意味拡張しているかどうか、また拡張している場合〈不快な経験をする〉の拡張義があるかどうかについて、その分布は表3のようにまとめられる。

　罪は「着たり、かぶったり」することができるが、「はいたり、まとったり、はおったり」することはできない。同様に、パンチも「くったり、くらったり」すれど、「食べる」ことは不可能である。これは概念メタファー

における写像の欠け（またはギャップ、まだら問題）という現象である（Taub 1996, Grady 1997, Clausner and Croft 1997, 黒田 2005, 鍋島 2003, 2007, 2011, 鈴木 2004, 松本 2006a, 2006b）。

第2章において写像の欠け（写像の部分性）について触れたが、それは主に領域における写像される概念と写像されない概念という区別に重きを置いたものであった。表3に示しているのは、概念間の区別ではなく、類似の概念を表す動詞でも写像されるものもあればされないものもある、という区別である。つまり、概念のレベルではなく、語レベルの問題なのである。これらの欠けについて、松本（2006b）の「語の競合」または「過剰指定」といった「語彙的経済性の原則」により説明を試みる。

松本（2006b）では、概念メタファーのギャップに関して、概念間の対応関係が成立してもギャップが生じる場合、以下のような「語彙的経済性の原則」が働いているとしている。

　　　概念間の対応関係がある時、ある語がそれに基づくメタファー的意味を実現させることができるのは、より適切な語（過剰指定がより少ない表現）がなく、また、同じ意味を表すものとして定着した他の語がない場合のみである。　　　　　　　　　　　　　　　　（松本 2006b: 82）

まず、摂食動詞において、なぜ「食う」と「食らう」は意味拡張において〈不快な経験をする〉という意味が生じ、「食べる」には生じていないのであろうか。このような意味拡張の違いが生じた原因について、松本（2006b）では、2つの語の競合によるものと考察している。つまり、「食う」が〈［ありがたくない事を］身に受ける〉という意味を派生しているため、「食べる」では同様の意味派生が阻害されたとするのである。またさらに、なぜ「食べる」ではなく、「食う」のほうがこれらの意味を担うに至ったかというと、これは歴史的に「食べる」が現代語の「いただく」の謙譲語であった（宮地 1975 などを参照）ため、謙譲にそぐわない意味を持たせることが難しかったからかもしれないと述べている。

「まとう」と「はおる」は、「着る」などと同じく着衣動詞であるが、意味は拡張していない[3]。その理由として、過剰指定の多い「まとう」と「はおる」がより過剰指定の少ない「着る」によって阻止されたという可能性が考えられる。過剰指定とは、概念間の対応関係に関わらない要素を含むということである (松本 2006b)。「まとう」にはただ〈衣服を身につける〉だけでなく、〈巻きつくようにする〉という意味要素がある。「はおる」も、元々〈着物などの上から、もう一枚の服を袖を通さずに、肩にかけて着る〉という意味である。このように 2 つの動詞には、「着る」に比べて意味の指定が多く存在する。過剰指定のない、またはより少ない「着る」のほうが、意味拡張するようになった。

次は知覚動詞について考察したい。本研究では、視覚を表す「見る」のほかに、聴覚の「聞く」、嗅覚の「嗅ぐ」も研究対象とする。「嗅ぐ」と「聞く」は、「見る」と同様、それぞれ匂いや音声を鼻や耳に入れるという虚構移動で捉えられる。しかし、なぜ視覚に関する動詞が〈不快な経験をする〉へ拡張する一方で、聴覚と嗅覚に関する動詞にはそのような拡張が生じていないのか。これは、五感において視覚が優位に位置しているためではないかと考える。

人間の生活は視覚情報に依存する度合いが大きい。視覚の優位性はその情報量の圧倒的な多さだけではなく、生まれた時にすでに視感覚がかなり発達しているか、または生後急速に発達し、すぐ大人に匹敵する機能を備えるようになる。他の感覚からの情報にたよって学習を進めたり、支配されて修正を受けたりすることが少ないという点も挙げられる (Gibson and Walk 1960, Kohler 1964, Bower 1966 など)。

視覚の優位性はそのまま言語面にも現れている。第 2 章においてすでに述べたが、Ullmann (1957) や Williams (1976) を始めとする共感覚比喩における感覚転用の方向性は、その良い証拠であろう。また、五感において、KNOWING IS SEEING のように、主観的認知や認識という意味へ発展したのも主に視覚関係の語彙のみである。聴覚や嗅覚の場合、「今度の犯罪は、どうもこのあたりが匂う」「あの女のそぶりが臭い」といった表現もみ

られるが、この種の用法が限られており、視覚表現のように広範囲には認められない(山梨 2000: 130)。

よって、五感において視覚が優位に位置しているため、言語上でも、視覚動詞の「見る」は聴覚の「聞く」や嗅覚の「嗅ぐ」に比べ、意味拡張の際にも優位性があると考えられるのである。語義の経済性から、同じ意味を複数の語彙に担わせることは避けられる。意味拡張する際、際立ちの大きい項目は、記憶から呼び起こされやすく、語義の選択でも優先されるなど、全般的に優越性が高い(熊代 2002)。知覚動詞では、「見る」が優位性を持ち、〈[望ましくないこと]を経験する〉という意味があるため、その他の感覚は同じ意味へ拡張しないと考えられる。

以上のように、「食べる」「はおる」「まとう」「聞く」「嗅ぐ」などの着点動作主動詞は、「過剰指定」または「語の競合」といった「語義的経済性の制約」によって、〈不快な経験をする〉へ意味拡張しないということが分かった。

最後に、「招く」と「呼ぶ」の意味拡張における違いをみてみたい。基本義において、「招く」と「呼ぶ」の最も顕著な違いは、他者が動作主の領域に入るか否かにあると考える。「招く」の場合、〈手などを振って合図を送り、[相手に][自分の所に]来てもらう〉という概念的中心義においても、「外部から講師を招く」のような〈何かの目的のために、[人に]来てもらう〉という機能的中心義においても、相手に〈来てもらう〉というのが共通して含まれている。

一方「呼ぶ」は、〈相手の関心や注意を自分のほうに向けようとして声を出す〉という意味で、呼ばれた相手がこちらに関心や注意を向けようとしないこともある。

(65)「おい」と呼んだが返事がない。

(BCCWJ　澤地久枝：一人になった繭)

「呼ぶ」は〈声をかけたり、知らせを出したりして来させる〉という拡張

義の時も、呼ばれる相手の移動は必ず含意されるわけではない。

(66) 咽喉から血を吐き出さんばかりにさえずり、配偶者を呼んだ。しかしあらわれない。　　　　　　（BCCW　川島民親：スズメバチの死闘）

「招く」と「呼ぶ」の違いは、(67)と(68)の容認度の違いからも分かる。

(67) a.　明日の講演に有名な先生を呼んだけど、忙しいのでと断られた。
　　 b.％明日の講演に有名な先生を招いたけど、忙しいのでと断られた。
(68) a.　明日の講演に有名な先生を呼んだけど、来なかった。
　　 b.　明日の講演に有名な先生を招いたけど、来なかった。

(67b)の容認度に個人差が出たのは、「招く」は〈来る〉という約束がないと成り立たないと考える話者が多かったためである。さらに(68)では、「呼ぶ」の場合、呼ばれた先生に来る気がなかった場合でも、来ると約束したが何か他の用事ができたため来られなかった場合でも、どちらでも良いが、「招く」のほうは、来ると約束したのに何かの事情で来れなくなったという意味にしかならない。

よって、「呼ぶ」と比較して、「招く」のほうは〈領域に入ってくる〉という意味が強く含意されていると考えられる。次章での議論と合わせて考えると、なぜ「呼ぶ」ではなく、「招く」が〈不快な経験をする〉へ拡張するのかが理解できる。

4.4　意味拡張の多面性

もう1つの問題は、一部の着点動作主動詞には、主語にとって不利と有利という対照的な拡張義をあわせ持つものの存在である。例えば、「食う」は前節で述べたように、〈［相手に］不利益を与える〉という意味と〈［相手から］［不利益を］受ける〉という対照的な拡張義を持つ（篠原1999）。本節

では、このような1つの語の意味拡張にみられる対照的な方向性について、フレーム内の異なる側面のプロファイルという観点から説明を試みる[4]。

認知意味論は主観的意味論の立場から、客観的事態が同じであっても、認知主体の捉え方によって主観的な意味の違いが生じる。また、ある対象や出来事を捉える時、言語表現は常に概念のすべてを表すのではなく、同じ概念の違う側面をプロファイルすることが多い[5]。(69)から(71)の文をみてみよう。

(69) a. Where is the Sunday Times? (physical object or tome)
    b. Have you read the Sunday Times? (semantic content or text)
(70) a. The window is dirty. (pane)
    b. She came in through the bathroom window. (opening)
(71) a. Paris is a beautiful city. (location)
    b. Paris closed the Boulevard St. Michel. (government)
    c. Paris elected the Green candidate as mayor. (population)

(Croft and Alan 2004: 48)

(69a)のSunday Timesは物理的な存在物としての新聞紙を指すが、(69b)は新聞の記事またはその内容を指している。つまり、(69a)と(69b)のSunday Timesは、同じ事物の異なる側面をプロファイルしている。同じことは(70)と(71)にもみられる。

類似の考えは国広(1994, 1997)にもみられる。国広(1994)では、「現象素」(phenomeneme)という概念を提示しているが、現象素とは「単なる外界の一部というものではなく、人間の認知作用を通して、ひとまとまりをなすものとして把握された現象を指す」とされる。これは、Fillmoreのフレーム意味論の観点から言うと、現象素がフレームをなしていることになる(国広 1994: 26)[6]。現象素を持つ語の場合、その現象の一部に心的焦点を絞ったり、同じ現象素を異なる心的角度から眺めたりするという「焦点移動」により、基本義の内部で多面的多義が生まれる(国広 1997: 210)。「学校」という

語を例に挙げ、「学校」は場合によって、〈学校の建物〉、〈授業〉、〈学校を構成する人間(先生、生徒、校長、事務職員)〉などの意味を表わすが、現象素はただひとつで、外界に存在する学校そのものであると述べている。

　これらの先行研究を踏まえて、「食う」の拡張義における両面性の説明に戻ろう。Croft(2009)では、EAT という概念の物理的側面が intake、processing、ingestion という 3 段階に分けられるとされる。英語の eat や日本語の「食べる」はそれで満たすが、「食う」と「食らう」には〈噛み付く〉という動作が含まれる。〈噛み付く〉をプロファイルする言語表現として、「食ってかかる」「食いつく」「食らいつく」などが挙げられる。「食う」や「食らう」のフレームにある〈噛み付く〉という側面は〈[人に] 敵対的な態度で向かって行く〉という意味へと拡張をみせる。

(72)　写真撮影は一切禁止され、仕方なくショーの出品者や参加者に話を聞いていると、主催者がすごい剣幕で食ってかかってきた。
　　　　　　　　　　(BCCWJ　矢部武：アメリカよ、銃を捨てられるか)

　これらの語はさらに、〈[スポーツや演劇など][より強い相手または他の役を] 圧倒する〉(73)や〈[人を] 馬鹿にする〉(74)などの意味に発展したと考えられる。

(73)　でもお子さんたちも晴れ着(振袖に羽織袴)ですからお母さんが色留袖でも主役を食ってしまうことはないでしょう。
　　　　　　　　　　　　　　　　　　(BCCWJ　Yahoo! 知恵袋)
(74)　「ハハ…」と、梅太郎はまた人を喰った笑い方をした。
　　　　　　　　　　　　　　　　(BCCWJ　山岡荘八：坂本竜馬)

　このように、「食う」や「食らう」は、〈噛み付く〉という要素をプロファイルすると、〈[相手に][不快な経験を] させる〉へ拡張し、〈自分の領域へのモノの移動〉という側面をプロファイルすると、〈不快な経験をする〉へ

意味拡張するということが分かった。
　類似の現象は「買う」にもみられる。「買う」は、ここまで論じてきた〈[よくない評判や反応を]身に受ける〉という意味の他に、評価的にポジティブな拡張義も持っている。例えば(75)や(76)の「努力を買う」などはその例である。

(75)　今度改めて単行本として完成された「囚われた大地」を読み、私は<u>作者の努力をやぶさかならず買う</u>と同時に、種々の感想にうたれた。
　　　　　　　　　　　　　　（青空文庫　宮本百合子：作家への課題）
(76)　ところが寿江子の英語もまだまだでね。<u>努力だけは買って</u>やります。
　　　　　　　　　　　　　　（青空文庫　宮本百合子：獄中への手紙）

　森田(1989)は、「売る／買う」の行為は、売り手・買い手双方の価値評価の折り合いのもとに行われ、「買う」動作自身に評価性はないが、売り買い行為を支える基本には評価があると述べている。そして、その側面は「能力を買う」、「非難を買う」などのように、プラス・マイナス、どちらの価値にしても、その価値を相手に与えて、それ相応のプラスまたはマイナスの償いを受けるとも述べている。
　しかしながら、これら「能力を買う」と「非難を買う」の意味を分析する際に、両者の意味を分けるべきかどうかという問題が出てくるが、ここでは統合テストの一種である同時使用を用いて、「才能を買う」と「非難を買う」の「買う」が異なる意味であることを検証してみよう。

(77) a.　社長はその社員の<u>才能を買った</u>。
　　 b.　社長は社員の<u>非難を買った</u>。
(78) *社長は社員の<u>才能と非難を買った</u>。

(78)が容認できないため、「才能を買う」の「買う」と「非難を買う」の「買う」は同じ意味ではないと言える。よって、両者が異なる意味であると

考えられる。(77a)の「才能を買う」というのは「社長」の意図的な行為で、動作の方向性は「社長」から「社員」へと向かう能動的なものであり、「社長」にとっては遠心的である。一方、(77b)の「非難を買う」の「買う」は、基本義に存在する意図性が意味拡張において消失するため、基本的には動作主である「社長」の非意図的な行為であり、また「社長」にとっては求心的である。

表4. 「才能を買う」と「非難を買う」の比較

言語表現	主語の意図性の有無	方向性
「才能を買う」	意図性あり	社長(主語)から社員へと遠心的
「非難を買う」	意図性無し	社員から社長(主語)へと求心的

では、なぜ「買う」にこのような対照的な拡張方向が生まれたのであろうか。その原因もフレームの異なる側面のプロファイルに求められる。売り買いのフレームでは、〈［買い手が］［商品の価値を］認める〉という側面がある。例えば、以下の例文における(79)の「ほしい」、(80)の「好きな」、(81)の「望み通りの」といった目的語の連体修飾語からも分かるように、私たちは買い物する時、品物を選び、自分の望むものや好むものを買うのが一般的である。

(79) 「僕が東京高校へ入学したとき、お祝に何か僕のほしいものを買って下さるということでした…」　　　　(青空文庫　宮本百合子：道標)
(80) 八重洲ブックセンターで好きな本を買って、季節のお菓子を買いに長門に立ち寄る。　　　　(BCCWJ　藤田千恵子：an・an)
(81) 「ところが、あなた、お聞き下さいまし、望み通りの馬を買うには買いましたが、ただで買ったわけじゃございません」

(青空文庫　中里介山：大菩薩峠)

売り買いフレームにある「商品の価値を認める」というのは「買う」の前段

階であり、〈商品の価値を認める〉と「買う」行為はメトニミーの関係にある。〈商品の価値を認める〉という側面をプロファイルすることによって、「才能を買う」のように、〈［人の価値を］認める〉という意味に拡張が生じているのである。

　このように、「食う」「食らう」「買う」は、フレームの異なる側面をプロファイルすることによって、ネガティブな意味とポジティブな意味へと意味が拡張しているとみられる。ただし、「食う」「食らう」と「買う」には異なる点もある。「食う」「食らう」の〈噛み付く〉というのは動詞の意味に含まれているが、〈買い手が商品の価値を認める〉というのは、売り買いフレームの一部ではあっても「買う」の意味ではない。

　本節では、「食う」「食らう」「買う」に、主語にとって不利と有利という対照的な拡張義をあわせ持つという現象について、フレーム内の異なる側面のプロファイルという観点から説明を行ってきた。そして、主語にとって有利な拡張義は、基本義にある〈自分の領域へのモノの移動〉に由来する拡張義ではないということを明らかにした。これにより、「食う」と「食らう」が〈［相手に］［不快な経験を］与える〉への拡張、また「買う」が〈［人の価値を］認める〉への拡張は、〈自分の領域へのモノの移動〉から〈不快な経験をする〉という方向性の反例にはならないと言える。

4.5　まとめ

　本章ではまず、〈不快な経験をする〉へ拡張する動詞の割合（63％）を出し、着点動作主動詞の〈自分の領域へのモノの移動〉から〈不快な経験をする〉へという意味拡張の方向性を明らかにした。これにより、意味拡張における変化の方向性をある程度予測可能にした。さらに、着点動作主動詞ではあるが、意味拡張を行わない、あるいは拡張しても、〈不快な経験をする〉という意味を持つことのない動詞について説明した。また、主語にとって有利と不利という対照的な拡張義を同時に持つ動詞についても考察し、これはフレームの異なる側面をプロファイルすることによって生じた現象であると

いう観点から説明が可能であることを示した。〈自分の領域へのモノの移動〉から〈不快な経験をする〉へという意味拡張の方向性に従わない動詞の存在とその原因を明らかにしたことにより、意味拡張の方向性をより正確に予測することが可能となった。

注

1 検索する際に、各動詞を格助詞「を」＋動詞の終止形／連体形、過去形、連用形という形で検索した。例えば、子音動詞に関しては、「いだく」を例にとると、「をいだく」「をいだき」「をいだいて」「をいだいた」のように検索した。母音動詞では、「を＋語幹」（「を着」など）とした。また漢字表記と仮名表記を両方で検索を行った。「飲む」は青空文庫において、その拡張義で使用される例がみつからなかったため、かわりに BCCWJ での検索結果を提示した。「しょう」も青空文庫において 1 例しかなかったため、BCCWJ での検索結果を合わせて提示した。
2 「食う／喰う」や「舐める／嘗める」など複数の漢字があてられている場合、コーパスで検索する際はすべて考慮して検索したが、表のスペースの関係上、平仮名表記にしてある。
3 「まとう」は複合動詞の「付きまとう」において意味拡張がみられるが、単独動詞の場合は意味拡張していない。「はく」関しては、8 章でも触れるが、手ほどではないにしろ、足にもある程度自己領域内・外の調達という能動性が考えられる。足を着点とする「はく」にも〈不快な経験をする〉の意味はみられない（もっとも、「はく」は意味拡張が行っていない）ことは、これに起因しているのではないかと考える。
4 Croft (1993) の「ドメインハイライティング (Domain Highlighting)」、ドメイン（またはドメイン・マトリックス）内のプロファイルと「活性化領域 (active zone)」(Langacker 1987, 1990, 2000; Taylor 2002) を参照。
5 ドメイン内のプロファイルはメトニミーにおいて顕著にみられる (Croft 1993)。
6 国広 (1994) では、「フレーム」ではなく「枠組」という用語を使用している。

第 5 章　方向性の検証と原因探求

　本章は主に次の3点をめぐって議論を展開する。まずは、〈自分の領域へのモノの移動〉から〈不快な経験〉への意味拡張を、先行研究で言われてきた意味の「堕落的傾向」現象と区別することを論じる。2点目は、着点動作主動詞にみられる拡張の方向性が日本語動詞の意味拡張にみられる傾向ではなく、着点動作主動詞に限られることを確かめるために、着点動作主動詞以外の動詞の意味拡張と比較を行うことである。最後はなぜこのような方向性があるのか原因を探ることである。

5.1　「堕落的傾向」との相違

　動詞が意味の拡張に伴い〈不快な経験〉という意味が生じる現象を全体的に扱った先行研究はこれまでのところみられない。しかし、第2章においてすでに触れたが、意味変化、特に語彙の評価的意味の変化については、意味の「堕落的傾向（pejoration）」（Bréal 1964 [1897], Schreuder 1929, Stern 1931, Ullmann 1962 など）という先行研究で注目されてきた言語現象がある。堕落的傾向という言語現象と本研究で論じる〈不快な経験〉は、一見似ているようにも思えるが、実際は異なるものであると考えられる。ここではまず両者の違いを明らかにしておきたい。以下、3つの側面について両者を比較、検討する。

　まず品詞の面から観察すると、堕落的傾向というのは、silly, lust, cheap, undertaker や日本語の「田舎者」「愛人」「貴様」「お手洗い」、またドイツ語

のknabe(〈少年〉から〈痴漢〉)やフランス語のamant(〈恋人〉から〈愛人〉)などのように、主に形容詞と名詞を中心にみられる現象である。それに比べ、〈不快な経験〉というのは動詞の意味拡張にみられる現象である。

2つ目は語彙評価における違いである。堕落的傾向は、意味が堕落するとその語彙の評価的意味が全体的に悪化するのに対し、〈不快な経験〉というのは拡張義においてのみ主語にとってのネガティブな意味を帯び、基本義そして語全体としてネガティブな意味になるわけではない。

最後は、堕落的傾向と〈不快な経験〉への拡張という2つの現象は異なる原因によって生じるという点である。

意味が堕落する原因に関して、一部の言語学者は、「堕落的傾向」というのは言語そのものによるのではなく、言語を使用するわれわれ人間の心理に「悲観的傾向(pessimistic tendency)」があることに起因し、それによって語彙の評価性に影響を与え、語彙の意味も悪化する傾向があると論じられている(Bréal 1964[1897]、Stern 1931、Barber 1964)。これらの研究は、言語使用者である人間の心理的側面に意味の堕落の原因を求めていると言える。例えば、Barber(1964)は、意味の悪化現象が意味の良化現象よりも多くみられるというのは、人間たるものの性質として、私たちは人の最も悪いところを信じるというきらいがあり、このことは言語変化にも反映されているのであると主張している。

> Human nature being what it is, deterioration is commoner than amelioration: we are only too prone to believe the worst of anybody, and this is reflected in the way our words change. (Barber 1964: 251)

Schreuder(1929)は、このような心理学的主張に反論し、「婉曲表現(euphemism)」が「堕落的傾向」の最大の要因であるとした。更に、その他、社会的・文化的(social-cultural)、倫理的・審美的(ethic-aesthetic)などの要因の存在を挙げている。

婉曲表現は、主に言語禁忌などに関わる表現を避け、婉曲的に事物を表現

するために代用語を使うなどの措置をとるといったものである。そして、その代用語が使用される中で、覆い隠そうとした意味と直接に結びつくようになり、その意味が固定化し、結果的に代用語も悪化してしまうということである。英語の undertaker（〈葬儀屋〉）やフランス語の amant（〈愛人〉）、日本語の「トイレ」などの語における意味変化は、このような理由で説明することが可能である。

　一方、着点動作主動詞が〈不快な経験〉への拡張原因はそれと異なる。これについては本章の後半で詳述する。

　以上、3つの相違点をもとに本研究で主張する〈不快な経験〉への拡張と先行研究で議論されてきた堕落的傾向が異なる現象であることを明らかにした。

5.2　非着点動作主動詞からの検証

　着点動作主動詞において、意味拡張ありの動詞27語中17語（63.0％）が〈不快な経験〉という意味へ拡張するのは、果たして高い傾向なのかどうか、さらにそれは日本語動詞の意味拡張にある一般的な傾向なのかどうかを検証するために、これらのデータを着点動作主動詞以外の動詞（以下では非着点動作主動詞と呼ぶ）の意味拡張と比較してみよう。

　非着点動作主動詞の選定にあたっては、『日本語基本動詞用法辞典』におけるア行からワ行まで各行始めの10語をとり、計84の動詞を対象とした（合計が100とならないのは、ラ行が語頭の動詞がなく、ワ行が語頭の動詞は4つのみであったためである）。選定作業にあたっては、最大限公平な対照を可能とするために、「動作動詞で他動詞である」、「基本義が中立であると想定できる」という2つの選択基準を設けた。

　収集した84語のうち拡張義を持つ動詞は77語あり、そのうち〈不快な経験〉という拡張義を1つでも有するものは、「上げる・揚げる」「当てる・宛てる」「投げる」「挟む」「外す（はずす）」の5語である。まずは『日本語基本動詞用法辞典』の意味記述に沿って、この5つの動詞を詳しくみてい

く。
　「上げる・揚げる」には〈［食べ物を］吐く〉という意味が挙げられている。

（1）a.　子供が朝食べた物をあげた。
　　　b.　車に酔ってあげる。
　　　c.　飲み過ぎてあげそうになる。

　「当てる」には、(2)のような例と共に、〈［体に害になるものに影響を］受ける、または［男女の熱烈な関係を］見せつけられる〉という意味が挙げられている。

（2）a.　弘は彼女の毒気に当てられた。
　　　b.　熱気・暑気に当てられる。
　　　c.　まわりの乗客は新婚のカップルに当てられっぱなしだった。

　また、「投げる」には(3)のように〈もうだめだと思って、［ある活動に関して努力すること］をあきらめる〉という意味がある。

（3）a.　その選手は試合を投げた。
　　　b.　試験・勉強・勝負・舞台を投げる。

　そして、「挟む」には(4)のように、〈うっかりして［体の一部を］物のすき間や物と物の間に入れる〉という拡張義があり、また「外す」には(5)のように、〈［何かを］捕まえ損なう〉という意味があり、これらも〈不快な経験〉と考えられる。

（4）a.　仕事中彼は手を機械に挟んだ。
　　　b.　ドアのすき間に指を挟む。

c. ペンチで指を挟んでしまった。
（5）　父はせっかくの機会を外してしまった。

　以上のように、選定した合計 84 語の非着点動作主動詞のうち、拡張義を持つ動詞は 77 語であり、さらに〈不快な経験〉への拡張がみられるのは 5 語で、その比率は 6.5% ということになる。一方、着点動作主動詞は 34 語あり、意味拡張している動詞は 27 語、そのうちの 17 語、つまり 63.0% という割合で〈不快な経験〉へ拡張が生じている。着点動作主動詞と非着点動作主動詞との比較を表 1 のようにまとめる。この比較から、着点動作主動詞にみられる 63.0% というのはかなり高い割合であるということが分かる。したがって、着点動作主動詞にみられる〈不快な経験〉へという拡張の方向性は、日本語動詞の一般的な傾向ではないことが明らかになった。

表 1.　着点動作主動詞と非着点動作主動詞における〈不快な経験〉へ拡張する動詞の割合

	拡張あり	〈不快な経験〉	〈不快な経験〉義ありの動詞の比率
着点動作主動詞	27	17	63.0%
非着点動作主動詞	77	5	6.5%

　さらに、〈不快な経験〉といっても、着点動作主動詞の場合、自分の意図によるものではなく、外界による被害や損害を受けることを表す場合が多いが、非着点動作主動詞の場合は、「食べ物をあげる」、「仕事をなげる」、「機会を外す」などのように、外界から不利益なことを受けるより、動作主自身による場合が多いと考えられる。これも着点動作主動詞がそれ以外の動詞と異なる点である。

5.3　〈不快な経験〉へ拡張する原因

　なぜ着点動作主動詞に〈不快な経験〉へ拡張する傾向があるのだろうか。

松本（2006a）は、「なめる」は本来どのような味を経験する際にも使えるものの、〈苦しい経験をする〉という意味に拡張し、本来の意味のほうがメタファー的意味より限定がゆるいと指摘している。また〈［ありがたくない事を］身に受ける〉という意味を表すのに、ありがたくないとは限らない「食う」を用いるのも同じで、どのような場合にこれが許されるのかは興味深い課題であると述べている。本節では、その背後にある原因、つまり着点動作主動詞に〈不快〉な意味を生じさせる原因を考察する。一部の動詞については動詞または動詞類レベルで説明することが可能であるが、動詞や動詞類レベルでは説明がつかない拡張もある。本研究では、動詞レベルで拡張原因を説明したのち、着点動作主動詞というレベルから全体的な説明を試みる。

5.3.1　個々の動詞または動詞類レベルでの説明
5.3.1.1　負荷動詞

負荷動詞では、第4章で述べたように、「負う」が〈［傷や病気を］受ける〉や〈［借金・責任といった負担を］受ける〉へ、「背負う」と「しょう」は〈［負担となることを］受ける〉という意味へ、「抱える」は〈［絶えず対処しなければならないような負担を］持つ〉という意味へと拡張している。

これはDIFFICULT IS HEAVY、DIFFIUCULTIES ARE BURDENSといったプライマリー・メタファー（Grady 1997）で解釈できる。つまり、「ものの重み」を背負ったり、抱えたりすることが私たちの負担となり、それによって運搬が困難となるという共起関係である。さらに、「ものの重み」が物理的な領域から、心理的・社会的な領域へと拡張している。

Deignan（1999）では、英語のshoulderは人が重い荷物を背負っているというイメージがあり、荷物は責任、問題、リスクといったメタファー的な意味へ拡張し、shoulderという動詞も（6）や（7）のようにメタファー的な拡張を経て、これらの〈［責任、問題またはリスクを］引き受け、対処する〉という意味になっていると述べられている。

（6）　All over the country, but particularly in London, other hospitals are being

required to *shoulder* similar burdens.
（7）　By *shouldering* a wide variety of risks, an investor reduces the volatility of his portfolio. 　　　　　　　　　　　　　　（Deignan 1999: 186）

　日本語においても、「重み」は〈心理的に感じる負担〉、「荷物」は〈負担になる事や人〉、さらに「重荷」は「重い荷物」から〈物事をするのに非常に負担となるような事柄〉という意味を表している。

（8）　それは、一人ひとりの青年にあっては、<u>人生なる重みを背負って</u>のことであるから真剣勝負である。
　　　　　　　　　　　（BCCWJ　秋葉英則：オウム・超常信仰と科学）
（9）　主人は出世コースといわれる組合幹部ひと筋でやってきましたが、先年十二指腸潰瘍を患ってからはお荷物扱いされるようになりました。
　　　　　　　　　　　（BCCWJ　横田浜夫：銀行マンの妻たちは、いま）
（10）　二人目の子供が生まれてからは私の家は私には一日一日に<u>重さを増し</u>ていく<u>重荷</u>でした。私が自分の境遇を悲しむときには、Ｔも間違いなく私の<u>重荷</u>でした。子供は、私には重荷であっても自分の<u>背負わねばならぬ重荷</u>とあきらめていました。
　　　　　　　　　　　（青空文庫　伊藤野枝：成長が生んだ私の恋愛破綻）

　反対に、「重荷をおろし」たり、誰かに「肩代わりし」てもらったりすることは心配事がなくなって安心する、または負担を免れるという意味につながる。

（11）　厄介払いをしたというわけでないが、たしかに自分のあえぎあえぎ<u>背負って来た重荷</u>を、一時なりとも人に<u>肩代りをしてもらう</u>心安さを、喜ばずにはおられなかったらしい。（青空文庫　中里介山：大菩薩峠）

　総じて言えば、荷物というのは基本的に運搬・運送する品物であり、その

フレームに移動が含まれている。一方、LIFE IS JOURNEY(《人生は旅である》)という概念メタファーがあるように、人生は旅で、われわれ人間は人生の道を歩む旅人とみなされる。物理的移動を含む旅が人生の歩みに、また荷物の重みが心理的負担へ写像される。人間が重い荷物を背負ったり抱えたりすると、体に負担が生じて進みがたくなり、移動の妨げとなる。われわれはその重荷を負ったり背負ったりすることができ、またとったり、おろしたり、投げ捨てたりすることもできる。これは負荷動詞が〈[負担を] 受ける〉という意味への拡張を動機付けている。

5.3.1.2　着衣動詞の「着る」

「着る」の〈[衣服を] 身につける〉という意味から〈[罪などを] 自分の身に受ける〉への拡張は、以下のようなプロセスを経ていると考えられる。

まず「濡れ衣を着る」という言い方が存在する。「濡れ衣」に〈濡れた衣服〉から〈偽の証拠〉という意味派生が生じ、そこからより一般的な〈無実の罪〉という意味が定着した。さらに、「濡れ衣を着る」が〈無実の罪を受ける〉という意味を表すようになり、その組み合わせによって「着る」の意味が拡張したと考えられる。つまり、目的語の「濡れ衣」が意味拡張し、共起する動詞「着る」も連動して意味が変わったのである。そしてその新しい意味において、他の目的語をとるようになり、使用されているうちに新しい意味が定着するようになったと考えられる。

5.3.1.3　摂食動詞の「食う」「食らう」

味覚領域から心理領域への写像は多く見受けられる。味覚は嗅覚と共に化学感覚と呼ばれ、識別性、判別性要素が強い視覚、聴覚、触覚と異なり、感情や情動に訴える作用が強い。心理学的な脳研究によれば、嫌な味と感じる時と好きな味と感じる時とでは、脳の中で活動の差があるようである。感覚情報の分析の結果、快と判断されれば、美味しいと感じて、主に副交感神経優位の活動状態となり、摂食行動が誘発される。同時に、脳内にある報酬系(主にドーパミン神経系)の活動が増加し、楽しくなったり、気分がリラック

スしたりする。不快と判断されれば嫌悪感、イライラ感、つまり自律神経系が緊張状態になる（山本 2005）。

表2. 基本味の性質（山本 2005: 59 より部分引用）

基本味	嗜好性	生体への信号
甘味（sweet）	快	エネルギー源
うま味（umami）	快	蛋白質
塩味（salty）	快→不快	ミネラル
酸味（sour）	快→不快	代謝促進／腐敗物
苦味（bitter）	不快	毒物

このような身体的・心理的連動反応から、味覚を表す言葉が対応する感情へ意味拡張を起こしている。例えば、日本語では「甘酸っぱい初恋」、「甘い新婚生活」、「苦い経験」、「心身の苦労」などの表現がみられる。味覚から感情へという拡張は連動反応という共起性の基盤によるものと考えられる。

しかしながら、「なめる」は味覚のフレームにおいて、さまざまな味に遭遇するはずであるのにもかかわらず、感情のフレームにおいては、なぜ「なめる」がネガティブな感情に集中されるのかという疑問が生じる。もとはといえば、飲食というのは、我々人間にとって基本的には楽しい事である。味覚が私たちに多くの楽しみを与えてくれるものである。通常、私たちは愉快で快い味を生み出す食物を食べ、そうでない食物は避ける。このように、愉快な味覚という経験的な先入観が私たちにはある（Newman 1997）。そう考えると、なぜ味覚領域の動詞がネガティブな感情を表すのに特定されるのかは説明できない。

篠原（1999）では、「食う」対象となるものは「良いもの」であるのが正常な状態で、「悪い食べ物」を取り入れてしまった場合、我々は「食う」という行為によって、自分の体が被害を受ける結果となると説明している。「悪い食べ物」が体を「攻撃している・害をなしている」という動機付けから、「悪い食べ物」による被害と、「外部から受けた攻撃」による被害の間に経験

的な構造の類似性がみられ、〈[攻撃を]受ける〉という意味へと拡張を起こし、さらに物理的で直接的な攻撃でなくても、〈[人から][悪意ある行為や不利益を]受ける〉という意味へとメタファー的に拡張し、そこから〈[不快に思うような行為を]受ける〉へ拡張すると説明している。

また Newman (2009) によると、狭義的な摂食動詞の中で EAT という動作は DRINK とは異なり、〈噛む (mastication)〉というプロセスが含まれるという。〈噛む〉というのは歯を使って食べ物を破壊するという側面を持っていることから、食べ物の破壊という意味が生じ、否定的、消極的な側面を表わすようになったというのである。Yamaguchi (2009) はこの主張に賛同し、日本語の「食う」「食らう」は不利、不幸、災い、損害、忍耐、搾取などの経験を表すと述べている。しかし、「幸せを噛みしめる」、「辛酸をなめる」などの表現から分かるように、〈噛む〉というプロセスのある方がポジティブに、ない方がネガティブに拡張するという逆の例もあることから、被害性が〈噛む〉というプロセスからきたとは考えにくい。もっとも、〈噛む〉に破壊性があるにしても、それは食べ物に対する破壊であり、被害を受けるのは食べ物であって動作主ではない。

5.3.2　全体的な説明

負荷動詞、着衣動詞の「着る」、そして摂食動詞の「食う」「食らう」については、個別に基本義から拡張義への方向性を説明することができる。しかしそれ以外の動詞については、動詞レベルでは説明がつきにくい。本研究では、着点動作主動詞の基本義にみられる「自己領域の侵入」、およびその意味拡張における「意図性の消失」という2つの側面から意味拡張にみられる方向性を考える。

5.3.2.1　基本義における「主体領域の侵入」

まずは「自己領域 (personal space)」という概念についてみてみたい。Sommer (1959) の「空間の侵入者」という章の冒頭に以下のような文章がある。

> アビー様、私には小さな悩みがあります。それは、あまりにも些細なことで、つまらないことなので、お話しするのが恥ずかしい思いです。それは、私がピアノを弾いていると、やって来て、ピアノのベンチの私の横に腰掛ける人がいるのです。これがなぜ私を悩ませるのかわからないのですが、事実はそうなのです。（中略）もし、私が、穏やかな方法で、この人を動かすことができるならば、たいへん助かるのです…。

自分の座っているベンチに他人が腰掛けることが悩みの種になっているのである。類似の現象に関して、バークレーの大学の建築学科の学生が行動研究を行い、いくつかの実験を行った(Sommer 1959)。

まず、庭のベンチに座っている学生が実験者が同じベンチに腰掛けると、どう反応するかという実験を行った。この実験から、実験者が近寄らなかったコントロール群の学生と比べて、一定の時間内に、自分の位置を動かす者が多く、またより速く逃げてしまったということが分かった。

もう1つの実験では、3メートルのベンチに座る時の個人間の距離に注目し、実験者がベンチの端から30センチのところに腰掛けていると、次にこのベンチにやってきた者の四分の三は2メートル以上離れて座り、半数は先に座っている実験者との間に本や服を障害物として置いたということが分かった。

このように、われわれは侵入者が入らないように、私たちの身体をとり囲むみえない境界線をもっていて、この境界線に囲まれている領域のことは自己領域(personal space)という[1]。Sommer(1959)によると、この領域は持ち運びのできるテリトリーとされる。つまり、空間的に固定しているものではなく、主体と共に移動でき、携帯可能なスペースなのである。さらに、自己領域は必ずしも球形ではなく、また各方角に等しく広がっているわけでもない（前方に比べると、横に未知の人が近づくことには寛容になれる）。さらに人々が維持する距離は文化によってかなり異なっており、イギリス人はフランスや南アメリカの人に比べ、大きな隔たりをおこうとすると述べられている。

Lyman and Scott (1967) は、4種類のテリトリー、すなわち、公共のテリトリー (public territories)、家族のテリトリー (home territories)、相互作用のテリトリー (interactional territories)、身体のテリトリー (body territories) があると主張し、そのうち身体を取り巻くテリトリー、いわゆる個人的空間と呼んできた部分が、最も私的で侵すことのできない空間であると述べている。一方、テリトリーへの侵略 (territorial encroachment) は、乱用 (許可なく使用すること)、侵入 (テリトリーの境界内に物理的に入ること)、汚染 (諸特徴や用途に関して、テリトリーを撹乱すること) という3種類に分けられている。

　自己領域と類似した概念にウチとソトがある (牧野 1996)。言語学においては、大谷 (2008, 2009) が認知意味論で頻繁に議論される〈容器〉のスキーマとの関連で、主体領域のウチとソトが認知主体から相対的に位置づけられる (=直示的な) 場合、ウチとソトは以下のような特性の違いが観察されるとしている[2]。

表3. ウチの領域とソトの領域の特性 (大谷 2008, 2009)

ウチの領域	制御可能	既知	予測可能	快適
ソトの領域	制御不可能	未知	予測不可能	不快

大谷 (2008, 2009) で指摘されているように、私たちにとってウチの領域とは、力が及び、慣れ親しんだ快適な領域である。一方、その外側はみずからの力が及ばない未知の領域である。

　着点動作主動詞はその基本義において、〈主体の自己領域外に存在する事物を自己領域内に入れる〉という共通の意味要素を持っているということを第3章で述べた。ここで着点動作主動詞の使役移動を表すイメージ・スキーマをもう一度提示する。

　4つのイメージ・スキーマから分かるように、a段階においてまだ動作主の身体・領域外にある (いる) 事物は、使役移動によって、c段階で動作主の身体・領域に入ってきている。

第 5 章 方向性の検証と原因探求 115

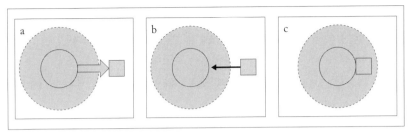

図 1. 着衣・負荷のイメージ・スキーマ（再掲）

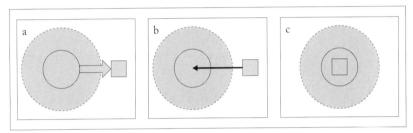

図 2. 摂食のイメージ・スキーマ（再掲）

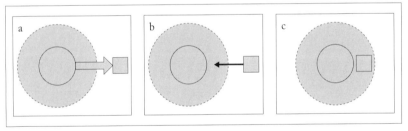

図 3. 「買う」「招く」などの動作のイメージ・スキーマ（再掲）

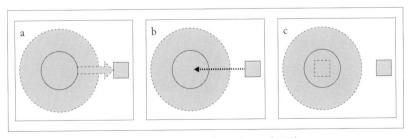

図 4. 知覚のイメージ・スキーマ（再掲）

5.3.2.2 意味拡張における「意図性の消失」

着点動作主動詞のうち、「見る」「聞く」「もらう」「受ける」は、基本義において (12) のように、意図的事象でも非意図的事象でも使えるが、それ以外の動詞はいずれも (13) のように意図的事象を選好する（各例文は左が意図的、右が非意図的な解釈を強制する）。

(12) a. {じっと／ふと} 友達を見た。
  b. {耳を済ませて／不意に} 彼らの話を聞いた。
  c. {母からだいぶ前にお願いしていた／始めて会う人から} 朝日焼きをもらった。
  d. {今学期は積極的に授業／思わず市から感謝状} を受けた。
(13) a. {肌寒いので／?偶然} 上着を着た。
  b. {腹が減ったので／?偶然} めしを食った。

一方、〈不快な経験〉という拡張義へと発展すると、いずれの着点動作主動詞も多くの場合、(14) と (15) のように非意図的な読みが優勢となる。

(14) a. 無免許医師 {?と知って／とは知らずに} 診察を受け、馬鹿を見た。
  b. 相手が銃を持っている {?と知って／とは知らずに} 素手で立ち向かうと銃弾を浴びた。
(15) a. {?群集をわざと逆上させようと／気をつけていたのに} 失言で罵声を招いた。
  b. 真犯人 {?に代わって／と間違われて} 懲役を食らった。

つまり、拡張に伴い、〈対象に対する動作主の働きかけ〉という意図的なプロセス（上に挙げたイメージ・スキーマの a の部分）が多くの動詞において消失しているのである[3]。

5.3.2.3 原因の考察

着点動作主動詞が意味の拡張にともなって、被害性が生じる原因として、まず動作主が意図的に対象に働きかけるプロセスが意味拡張において薄まるということが挙げられる。残るのは、〈対象物が動作主の領域に入ってきて、動作主が影響を受ける〉という結果的な意味要素である。主体領域外に位置する事物が、主語が非意図的な状態である場合に自己領域内の快適領域に入ってくるという事象は、主体にとっては領域の侵害であり、縄張り意識が作動した結果、〈不快な経験〉の意味合いが生じると考えられる。

このように、着点動作主動詞の多くが〈不快な経験〉という意味へ拡張するのは、着点動作主動詞の基本義にみられる「主体領域の侵入」、そして、意味拡張における「意図性の消失」という2つの側面から説明できると本研究では考える。

また、負荷動詞や着衣動詞の「着る」は動詞類レベルまたは特定のフレームから説明したが、これらの動詞も主体領域の侵害という一般的な傾向と一致している場合にのみ、〈不快な経験〉という拡張義が生じると考えられる。

主体領域の侵害に関して、さらに神経心理学の研究からも説明が加えられる。大脳皮質の機能分担に基づき、われわれをとり囲む環境はPERIPERSONAL, FOCAL EXTRAPERSONAL, AMBIENT EXTRAPERSONAL の3つに分けられる（図5参照）。

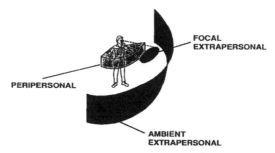

図5. The Model of 3-D Spatial Interactions (Previc 1998: 125)

本研究では、図5で示した3つの領域のほかに、人間の身体及び体と限りな

く近い部分をBODILY PERSONALと呼ぶ。そしてBODILY PERSONALに近いほど自己領域としての認識が高いと考える。自己領域に属さない事物が自分の非意図的な状態でBODILY PERSONALに入ってくる場合は、自己領域の侵略度がもっとも高い。着衣動詞や摂食動詞などはそれである。BODILY PERSONALに次いで、PERIPERSONAL, AMBIENT EXTRAPERSONALに入ってくる場合も自己領域の侵害ではあるが、BODILY PERSONALほど強くない。例えば「招く」の場合、基本義の時は相手がAMBIENT EXTRAPERSONALに入ってくるのが通常である。拡張義においても、基本的には「{誤解／災い／損失／失敗／混乱}を招く」のような〈不快な経験〉の場合に使用されるが、「幸せを招く」のような表現もみられる。

5.4 まとめ

本章において、まず品詞、語全体の評価、原因という3つの側面から、〈自分の領域へのモノの移動〉から〈不快な経験〉への意味拡張が、先行研究で言われてきた意味の堕落とは異なる現象であることを明らかにした。また、着点動作主動詞以外の動詞の意味拡張との比較を行い、着点動作主動詞にみられる拡張の方向性が、日本語動詞の意味拡張にみられる一般的傾向ではないということを確かめた。さらに、なぜこのような方向性が存在するのか、その動機付けを探り、着点動作主動詞の基本義にある「主体領域の侵入」及び意味拡張における「意図性の消失」から説明を試みた。

注
1 類似の概念として、Howard (1920) にける動物行動学にみられる territoriality が挙げられる。
2 〈容器〉のスキーマにおける内と外は Lakoff (1987: 271–272) を参照。
3 自ら進んで「罪をかぶる」という場合も考えられるが、コーパスのデータには少

なく、仕方がない、またはそうするしかないというコンテクストにおいてのみ使用されている。

第 6 章　写像の構造性と拡張の方向性

　本章ではまず、着点動作主動詞の意味拡張にみられる写像の特徴について検討する。本研究で観察する写像関係は 2 つの側面において特殊性がみられる。まず 1 つ目は、写像が〈着衣〉〈摂食〉〈負荷〉〈知覚〉といった概念領域別（動詞類レベル）に行われるのではなく、複数の領域（動詞類）に共通する〈自分の領域へのモノの移動〉というイメージ・スキーマによって写像が決定されると考えられる点である。2 つ目は、〈自分の領域へのモノの移動〉というイメージ・スキーマには、〈起点－経路－着点(SOURCE-PATH-GOAL)〉のスキーマと〈自己領域〉という特殊な〈容器(CONTAINER)〉のスキーマの融合がみられ、〈着点〉のスキーマ及び〈自己領域〉としての〈容器〉のスキーマは単独の場合、正の価値が付与されるが、両者が融合する場合には負の価値付与が生じると考えられる点である。そして最後に、着点動作主動詞で観察された意味拡張の方向性の特徴とその意義を論じる。

6.1　写像の起点としての〈自分の領域へのモノの移動〉

　着点動作主動詞には「着衣動詞」「摂食動詞」「負荷動詞」「知覚動詞」およびその他〈招く〉〈買う〉などの動詞があり、これらの動詞には〈不快な経験をする〉へ拡張する傾向があると先の章で論じた。このような写像は動詞個別のメタファー表現ではなく、〈着衣〉〈摂食〉〈負荷〉〈知覚〉といった概念領域に共通してみられるものであり、体系性のある概念メタファー《不

快な経験は自分の領域へのモノの移動である》になると考えられる。

これまでの研究では、旅から恋愛、視覚から認識、人間の身体部位から空間前置詞など、主に単一概念領域間の写像について論じられてきた。本研究で論じる写像は、その起点としての〈自分の領域へのモノの移動〉が単独のドメインではなく、〈着衣〉〈摂食〉〈負荷〉など複数の領域にまたがっており、写像の方向性の一般化が複数のドメインを越えてみられる。本研究では、写像は概念領域によって決められるのではなく、〈自分の領域へのモノの移動〉という複数の領域に共通して存在するイメージ・スキーマが決定すると考える。このことの妥当性は写像の欠けの問題および動機付けの問題から裏付けられる。

まずは《不快な経験は自分の領域へのモノの移動である》というメタファーの記述の妥当性をみてみよう。先行研究では、どのレベルでメタファーを記述すべきかについての議論がなされている。Lakoff and Johnson (1980) では、メタファー概念は具体的なイメージではなく、より一般的なカテゴリーを用いて定義されると述べられている。

> In general, metaphorical concepts are defined not in terms of concrete images (flying, creeping, going down the road, etc.), but in terms of more general categories, like passing.　　　（Lakoff and Johnson1980: 46）

「より一般的なカテゴリー」に対しての詳細な規定は示されていないが、〈飛ぶ〉〈這う〉〈降りる〉といった基本レベルよりは上のレベルだと考えられる。これは鍋島 (2011) において明確に述べられている。「過去のメタファー表記の習慣としては、《関係は乗り物》、《アイディアは食べ物》など、基本レベルカテゴリーより１つ上のレベルで記述することが多い (Lakoff, 個人談話)」ということである (鍋島 2011: 135)。

そうすると、《不快な経験は自分の領域へのモノの移動である》というメタファーの記述は抽象的過ぎる、つまり過剰な一般化ではないかという懸念が残る。

議論に入る前に、まずメタファーの過剰一般化について説明したい。これについて Clausner and Croft（1997）及び黒田（2005）で詳細な議論がなされている。

　Clausner and Croft（1997）はメタファーの生産性と体系性について論じている。AN ARGUMENT（THEORY）IS BUILDING（Lakoff and Johnson 1980: 46）という概念メタファーに関しては、（1）にみられるように、〈建物〉という概念領域におけるすべての要素が〈理論〉に使えるわけではないと述べ、（1）のように成立しない写像が多くみられるのは、AN ARGUMENT（THEORY）IS BUILDING のようなメタファーが一般的過ぎるためであると彼らは指摘している。

（1）a. *Is that the basement of your theory?（それがあなたの理論の地階ですか。）
　　 b. *That line of reasoning has no pluming.（その推論の筋道には配管設備がない。）
　　 c. *The theory has a broken pipe.（その理論は配管が壊れている。）
　　 d. *the {attic / basement / chimney / corner / corridor / hallways / plumbing / rafters / steel frame / wall / window / wiring} of their theory.（彼らの理論の屋根／地階／煙突／かど／廊下／玄関／窓／電気配線）

これらのギャップを埋めるために、Clausner and Croft は AN ARGUMENT（THEORY）IS BUILDING のかわりに THE CONVINCINGNESS OF AN ARGUMENT IS THE STRUCTURAL INTEGERITY OF A BUILDING という概念メタファーを提案している。

　ほかにも、（2）のような一般的レベルのメタファー（generic-level conceptual metaphors）がメタファーの外延を拡大させ過ぎたとの指摘もある（Glucksberg and Keyser 1993）。

（2）　EVENTS ARE ACTIONS

STATES ARE LOCATIONS
PURPOSES ARE DESTINATIONS

　言語学者による過度の一般化は、メタファーにギャップが存在する一因だと考えられる。第8章においては《物理的な手の操作は理解である》(Sweetser 1990)という概念メタファーにも同様の問題が存在することを指摘する。
　それでは、《不快な経験は自分の領域へのモノの移動である》というメタファーの記述が過剰一般化であるかどうかを検証するために、〈食う〉〈飲む〉〈着る〉〈かぶる〉〈見る〉といった基本レベルより1つ上のレベル、つまり〈着衣〉〈摂食〉〈負荷〉でメタファーを記述してみよう。知覚の場合、方向性が視覚にしかみられないため〈視覚〉に絞る。

（3）　《望ましくないことを受けることは衣服を身につけることである》
　　　《望ましくないことを受けることは飲食することである》
　　　《負担となることを受けることは体に（人や）ものの重みを受けることである》[1]
　　　《望ましくないことを経験することは視覚による認知である》

　このように概念領域単独で写像を考えると、2つのデメリットが生じる。まず、写像の欠けが多くなるということである。例えば、着衣領域における服の防寒性や装飾性、摂食領域における食品の栄養補充、道具（食器）、摂食の場所、メニューなど、写像されている部分よりされないほうがむしろ多い。また、口、肩、上半身など、起点領域にみられる身体部位の指定も目標領域においてはみられない。
　写像の欠けについて、一部のものは目標領域制約から説明できる。つまり、服の防寒性、装飾性、食品の栄養補充などは着点領域に対応する概念がないため、起点領域からの写像が阻止されるということである。
　しかしながら、起点領域において視覚的情報は良いものも悪いものもあり、食べ物にも美味しいものとそうでないものがある。同様に経験にも嬉し

いことも悲しいこともあるにもかかわらず、着点動作主動詞が望ましくない経験にかたよることはこれで説明ができない。これは第5章でも述べたが、着点動作主動詞の場合、動詞または動詞類レベルからでは意味拡張の動機付けの説明ができない場合が多いということである。

写像を観察すると、(3)の各メタファーにおいて〈自分の領域へのモノの移動〉に関わる概念だけ写像が行われ、〈自分の領域へのモノの移動〉と関わりのない概念、例えば服の防寒性、装飾性、食品の栄養補充作用、摂食の道具や場所などは写像が行われないということが分かる。したがって、〈摂食〉〈着衣〉〈視覚〉といった単独の概念領域より、これらの概念領域にまたがる〈自分の領域へのモノの移動〉というイメージ・スキーマよって動機づけられると考えたほうが、これらの写像の欠け及びメタファー成立の動機付けを合理的に説明することができる。

6.2 〈自分の領域へのモノの移動〉にみられるスキーマの融合

写像の起点となる〈自分の領域へのモノの移動〉というイメージ・スキーマには〈容器〉のスキーマと〈起点—経路—着点〉のスキーマの融合が考えられる。摂食動詞のイメージ・スキーマを例に挙げよう。

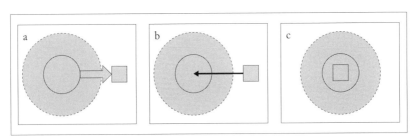

図1. 摂食のイメージ・スキーマ（再掲）

図1において、飲食物の移動は〈起点—経路—着点〉のスキーマであり、

着点は動作主の身体という三次元の〈容器〉のスキーマである。

6.2.1 〈容器〉のスキーマ

〈容器〉のスキーマは日常経験の中で繰り返して現れる普遍性の高いスキーマとして多くの議論がなされてきた。〈容器〉のスキーマは様々な形で具現化されるが、本研究では、身体という最も基本的な「容器」に注目する。また身体は〈容器〉というスキーマが形成される動機付けでもあると考えられる。Lakoff and Johnson (1980) では、肉体を持つ人間は皮膚の表面によって外界と接し、また外界から区切られているとしている。そして肉体以外の世界を外にある世界として経験し、一人一人の人間が境界、そして、内・外という方向性を持つ容器であるとみなしている。さらに、われわれは自分自身が持つこのような方向性をほかの物理的物体、自然環境に投影して、はっきりとした境界のないものまで境界線を設けると述べられている。

Johnson (1987) でも、〈容器〉のスキーマは私達自身の身体的経験に基づき、空間への出入りによって形成されるとし、身体がトラジェクターになる場合 (4a) と、ランドマークになる場合 (4b) があると述べられている[2]。

(4) a. Paul walked out of the tunnel.
　　b. She shoveled the potatoes into her mouth.　　(Johnson 1987: 33–34)

本研究では (4b) のようなランドマークになる場合、つまり身体及び体と限りなく近い BODILY PERSONAL、また PERIPERSONAL、および AMBIENT EXTRAPERSONAL といった領域を、認知主体を中心とする「容器」として考える。

6.2.2 〈起点－経路－着点〉のスキーマ

〈起点－経路－着点〉のスキーマは典型的に移動と関連し、空間認知を反映している。基本的には、起点 (SOURCE)、着点 (GOAL)、経路 (PATH)、方向 (DIRECTION) といった要素が含まれている。

図 2.〈起点・経路・着点〉のスキーマ（Lakoff 1987: 275）

　Lakoff（1987）は〈起点―経路―着点〉のスキーマは日常生活に繰り返し現れ、経験の中で浸透し、十分に理解され、（単純に）構造化され、境界線が明瞭化されるなどの、メタファーの起点として機能するのに持たなければならない素質をすべて備えていると述べている。

> The SOURCE-PATH-GOAL schema is one of the most common structures that emerge from our constant bodily functioning. This schema has all the qualifications a schema should have to serve as the source domain of a metaphor. It is (a) pervasive in experience, (b) well-understood because it is pervasive, (c) well-structured, (d) simply structured, and (e) emergent and well-demarcated for these reasons. （Lakoff 1987: 278）

6.2.3　スキーマの融合

　本研究でみた〈自分の領域へのモノの移動〉というイメージ・スキーマにはこのような「容器」のスキーマと〈起点―経路―着点〉の融合があると考える。山梨（2000）が指摘しているように、これまでの研究では、イメージ・スキーマの大半は個々に独立したスキーマとして提案され、スキーマの相互関係、経験的な基盤を背景とするスキーマの分布関係に関しては具体的に検討されていない。山梨（2000）は、〈起点―経路―到達点〉のスキーマを背景とする言語表現の中には、起点と到達点に容器としての空間的な広がりを前提とする表現が広範囲にみられるとしている。

（5）　モグラが洞穴から出て繁みに入っていった。
（6）　水が溜め池から川に流れ込んだ。
（7）　彼は町を出て田舎に引きこもった。　　　　　（山梨 2000: 152）

(5)の「洞穴」と「繁み」、(6)の「溜め池」や「川」また(7)の「町」や「田舎」といった移動の起点や着点は、それぞれ空間的スペースを持ち、そこから出入りすることのできる容器としてみなされている。これらの言語表現から、山梨(2000)は図3のように、〈起点－経路－着点〉のスキーマを、起点と着点の空間領域に容器のスキーマがプロファイルされる複合的な図式として規定する必要があると指摘し、図3のようなイメージ・スキーマを提示した。

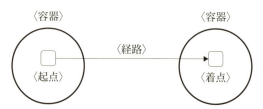

図3. 〈容器〉のスキーマと〈起点－経路－着点〉のスキーマの融合(山梨 2000: 152)

図3においては、起点と着点が一次元の地点ではなく、容器としての空間領域を意味している。

　本研究では、〈自分の領域へのモノの移動〉には〈起点－経路－着点〉のスキーマと〈身体〉という特殊な〈容器〉のスキーマの融合がみられると考える。ただし、起点と着点が均等ではなく、起点より着点のほうがプロファイルされるという点で図3とは異なっている。

6.3　イメージ・スキーマと価値付与

　イメージ・スキーマの形成は言葉の形成と概念化に先立って存在する認知能力の1つである。イメージ・スキーマには客観的な事態だけではなく、認識主体である人間の心的態度も反映されている。

　山梨(2000)では、私たちの価値判断を反映する視点によって、スキーマは(8)のようにポジティブな意味の方向とネガティブな意味の方向に拡張さ

れると主張している。

（8）〈中心・周辺〉のスキーマ：〈中心〉に重要性に比例するプラスの価値；〈周辺〉には重要性がなくなるというマイナスの価値
〈リンクと遠・近〉のスキーマ：〈結合〉／〈近〉に人間関係の絆（ないしは親近性）としてのプラスの価値；逆の方向がマイナスの価値
〈部分・全体〉のスキーマ：統一性、一体性が保証される〈全体〉にはプラス；これを欠く〈部分〉にはマイナスの価値

イメージ・スキーマへの価値付与は一部の概念メタファーに反映されている。例えば、方向性のメタファーには、GOOD IS UP; BAD IS DOWN, HAPPY IS UP; SAD IS DOWN, VIRTUE IS UP; DEPRAVITY IS DOWN; RATIONAL IS UP, EMOTIONAL IS DOWN といったものがあり (Lakoff and Johnson 1980)、本来空間概念である「上・下」には、良し悪しの価値が付与されている。

このような概念メタファーにおける価値付与の相違は、主に言語使用者の身体的経験に基づくものであるとされている。例えば、私たちは楽しい時、嬉しい時には姿勢が上向きになる一方で、悲しい時や落ち込んだりした時はうつむいたりするように、感情と姿勢には連動性が存在する。また、生きている時、健康な時は起き上がることができるが、病気、あるいは死んでしまった場合は横にならざるを得なくなる (Lakoff and Johnson 1980)。このような身体経験は意味の価値付与に影響を与える。

また、鍋島 (2003, 2011) において、《善は純粋・悪は不純》《善は整・不善は乱》《善は均等・不善は歪み》など善悪を意味するメタファーは、起点領域の用語にはほとんどの場合すでに評価性が含まれており、評価性自体がメタファーを形成する基盤になる可能性を示唆すると指摘されている。

価値付与についての議論は前置詞や不変化詞の研究にもみられる (Tyler and Evans 2003, Hampe 2005, 大谷 2008, 2009)。Hampe (2005) は、in-out, up-down, on-off などは〈容器〉のスキーマ、〈上下〉のスキーマ、〈接触・

分離〉のスキーマとの関連から、後者にネガティブな価値がデフォルト的に付与される (negative default evaluations) と述べている。

本研究でいう認知主体を中心とする自己領域という〈容器〉のウチ側には、慣れ親しんだ快適空間として、通常ポジティブな価値が付与される。

一方、〈起点―経路―着点〉というスキーマの価値付与についてはあまり議論がなされてこなかった。本研究では〈着点〉に注目し、〈着点〉には〈達成〉と〈物事の終わり〉という2種類の評価的意味が存在し、通常、前者はポジティブ、後者はネガティブな評価と結びつく。

多くの文化において目標を持つことは良いとされている (Lakoff 1993b)。Lakoff (1993b) では、メタファーの継承性を説明するのに、(9) のようなメタファーの階層を立てている。

(9) Level 1: LONGTERM PURPOSEFUL ACTIVITIES ARE JOURNEYS（目標のある長期活動は旅である）
　　Level 2: A PURPOSEFUL LIFE IS A JOURNEY
　　　　　　（目標のある人生は旅である）
　　Level 3: LOVE IS A JOURNEY; A CAREER IS A JOURNEY
　　　　　　（恋愛は旅である、キャリアは旅である）
　　　　　　　　　　　　　　　　　　　　　　　（Lakoff 1993b: 223）

このようなあらかじめ目標が決まっている旅において、終点に向かって前へ進み、障害物を乗り越えて終点に到着することは良いとされる。逆に、足踏みしたり、後退したり、方向を失ったりして目的地にたどり着かないことは良くないとされる。このような場合、「着点」は (10) が表しているように目的の〈達成〉というポジティブな評価と結びつく (Lakoff 1987: 278)。

(10) SUCCESS IS REACHING THE END OF THE PATH
　　a. We're reached the end.
　　b. We are seeing the light at the end of the tunnel.

c. We only have a short way to go.
　　d. The end is in sight.
　　e. The end is a long way off.

（Lakoff 1993b: 222）

　日本語においても、「真相／合意／新たな発見にたどり着く」「目的／目標に達する」「ゴールイン」などの表現がある。
　一方、着点は〈物事の終わり〉を意味する場合もある。これは LIFE IS A JOURNEY という概念メタファーにも現れている。(11)から(14)のように、人は生まれてから人生の道を歩み、旅の終点は人生の終焉になる。人生というのは永続するものではなく、時間が限られている。人生の他に、(20)のように恋や仕事などにも同じことが言える。

(11)　私たちは受精と同時に死に向かって時を刻みはじめる。時々刻々と<u>死に向かって歩みつづけている</u>。　　（BCCWJ　柳澤桂子：生命の奇跡）

(12)　秀吉が、おそらく<u>自分の生命も終着駅に近づいた</u>と悟ったのは、この時の十一月七日の病気から、二月三日の再度発病、三月八日の快癒というこの期間のことであったと思う。

（BCCWJ　山岡荘八：豊臣秀吉）

(13)　<u>人生の終わりに近づいた</u>者にとって、死は決して恐ろしいものではなく、むしろ歓迎すべきものだった。

　　（BCCWJ　ディーン・R・クーンツ・宮脇孝雄：ストレンジャーズ）

(14) a.　二人の恋は虚しくも終着点を迎えた。
　　 b.　定年は仕事の終着駅。

　ただ、〈着点〉がネガティブな評価と結びつくことは少ない。「死ぬ」ことは、「世を去る」「あの世に旅立つ」といった婉曲表現を使うことが多い。恋の場合も、「終着点」を使うより、(15)のように、「別々の道を歩く」などで表現される。

(15) つき合えたこと、いい思い出だった。わたしたち、これからは別々の道、歩いていくんだね。

(BCCWJ　青山えりか：好きから始まる冬物語)

なぜ〈着点〉にはポジティブな評価のほうがより多くみられるのか。それは多くの場合、〈着点〉というのは私たちが事前に決めた目的地であり、達成したい目標だからである。私たちはそれに向かって積極的に進む。そして「死」や「恋の破綻」といった望ましくないことは〈着点〉にしないのである。

　以上から分かるように、我々認知主体を中心に、身体及び体と限りなく近い BODILY PERSONAL、PERIPERSONAL、及び AMBIENT EXTRA-PERSONAL からなる自己領域という〈容器〉では、そのウチ側が私たちの慣れ親しんだ快適な領域であり、通常ポジティブな価値付与がされる。〈起点―経路―着点〉における〈着点〉も、基本的には私たちの目指す目標であり、ポジティブな価値が付与される。2つのスキーマとも正の価値付与であるが、両者が融合すると〈領域の侵害〉という被害的な意味が生じるようになる。スキーマの組み合わせによって、それぞれのスキーマと評価的に反対の意味が生じるという点はこれまで論じられてきていない論点である。

6.4 《不快な経験は自分の領域へのモノの移動である》による意味拡張の方向性の特徴

　意味拡張（変化）の方向性は意味論において大きな課題である。第2章において触れたように、意味拡張の方向性に関するこれまでの研究では、主に「具体的な意味から抽象的な意味へ」、もしくは「客観的な意味から主観的な意味へ」といった概略的な傾向が明らかにされてきた。例えば、メタファーにおける一方向性は、身体経験を通して直接的に得られる概念に基づいて、身体経験では得にくい抽象的な概念を理解するといったものである (Lakoff and Johnson 1980)。メトニミー（換喩）についても、人間に関わりのあるこ

とがそうでないことより、また主観的なものが客観的なものより媒介として採用されやすいといったことが論じられてきた（Langacker 1993, Radden and Kövecses 1999）。文法化においては、propositional ＞ textual ＞ expressive / interpersonal（Traugott 1982, 1989）のような意味変化の一方向性が提唱されている。いずれにおいても「方向性の単一性」という点に重点が置かれている。

　方向性について具体的に考察されたものとして、今までのところ、空間から時間、人間の身体部位から空間前置詞、旅から恋愛などがあり、着点動作主動詞にみられる〈自分の領域へのモノの移動〉から〈不快な経験〉への拡張方向は１つの具体例になりうる。

　さらに、先行研究で扱われている拡張の方向は主に単一概念領域間のものであるが、本研究で一般化した方向性は、〈着衣〉〈摂食〉〈負荷〉〈知覚〉など複数の概念領域をまたいだものとなる。着点動作主動詞という動詞類のレベル、及び〈着衣〉〈負荷〉〈摂食〉などの概念レベルでも意味拡張の方向性に関しての一般化が成り立つ。どのような種類の意味拡張がどのようなレベルの一般化を許すかは今後詳細に追究していく必要がある。多義ネットワークの研究では、横の拡張関係（具体的な意味から抽象的な意味へなど）だけでなく縦の関係からも構造化が図られるべきだということが研究の一例として挙げられるだろう。

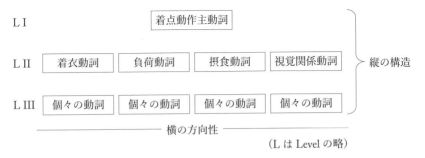

図４．　横と縦の方向性

6.5 まとめ

　本章では、着点動作主動詞の意味拡張にみられるメタファーの写像の特徴について検討し、写像は〈着衣〉〈摂食〉〈負荷〉〈知覚〉といった概念レベルで行われるのではなく、複数の領域にまたがる〈自分の領域へのモノの移動〉というイメージ・スキーマを起点として生じると主張した。また、〈自分の領域へのモノの移動〉というイメージ・スキーマには〈起点─経路─着点〉のスキーマと〈自己領域〉という特殊な〈容器〉のスキーマの融合がみられると論じた。さらに、〈経路〉の〈着点〉、認知主体の身体やその領域という〈容器〉のウチ側が通常、正の価値付与になるにもかかわらず、両者が融合する場合、〈領域の侵害〉という被害的な意味が生じるようになるということに関しても議論した。最後に、意味拡張の方向性について、〈自分の領域へのモノの移動〉から〈不快な経験〉というのは、「具体的な意味から抽象的な意味へ」、もしくは「客観的な意味から主観的な意味へ」といった概略的な傾向を裏付ける具体例になるとともに、これまであまり論じられてこなかった複数の概念領域を越える意味拡張の方向性を示したと言える。

注

1　これは DIFFICULTY IS BURDEN (Grady 1997)が背後にある。
2　まずは背景となるベースと焦点化されたプロファイルに分けられ、プロファイルされた部分においてさらに際立ちの違いがあり、この際立ちの最も大きい部分はトラジェクター、その他の部分はランドマーク(二次的な図)と呼ばれる (Langacker 1987)。

第 7 章　着点動作主動詞と対応する使役動詞の意味拡張

　本研究で論じる着点動作主動詞の一部には、「着る／着せる」「かぶる／かぶせる」「浴びる／浴びせる」のように、使役動詞が対応している。本章では着点動作主動詞と対応する「着せる」「かぶせる」「見せる」などの使役動詞の意味拡張に注目する。

7.1　着点動作主動詞とその使役動詞

　松本（2000a, 2000b）では、「着せる」のような動詞を、(1) のようにヲ格名詞句とニ格名詞句のどちらも受動化によって主語になることができることから、二重他動詞と呼んでいる（奥津（1967）の「複他動詞」）。

（1）a.　その服はまだ誰にも着せられていない。
　　 b.　その子はまだ服を着せられていない。　　　　　　（松本 2000a: 80）

　着点動作主動詞の一部は(2)のように、使役動詞としての二重他動詞とペアをなしている。

（2）　着る／着せる、かぶる／かぶせる、浴びる／浴びせる、見る／見せる、借りる／貸す、教わる／教える

　また、(3)のように、サセ形使役動詞が対応しているものもある。

（３） はく／はかせる、まとう／まとわせる、はおる／はおらせる、食べる／食べさせる、食う／食わす（食わせる）、食らう／食らわす（食らわせる）、飲む／飲ませる、吸う／吸わせる、負う／負わせる、背負う／背負わせる、しょう／しょわせる、担う／担わせる、担ぐ／担がせる、だく／だかせる、聴く／聞かせる、嗅ぐ／嗅がせる、買う／買わす（買わせる）

　松本（2000a, 2000b）では、以下の議論を通して、（３）にあるサセ形動詞は他動詞に -(s)ase を付加した統語的サセ形使役動詞（以下は「通常のサセ形使役動詞」）と異なり、「着せる」などの語彙的な使役述語と同じ統語的・意味的性質を持つと指摘し、これらのペアを他動詞／二重他動詞ペアとして扱っている。
　まず、通常のサセ形使役動詞は（４）のように、使役者がニ格被使役者の意志に働きかけ、ニ格被使役者が行為を行う。

（４）a. 太郎は花子にドアを開けさせた。
　　　b. 太郎は子供にその服を着させた。

（4a）は、使役者の「太郎」がニ格被使役者の「花子」の意志に働きかけ、そうすることによって花子自身が「ドアを開ける」という行為を行う。（4b）も同じく、「服を着る」という動作を行ったのはニ格使役者の「子供」である。
　一方、（３）に挙げた「はかせる」など使役動詞は使役の働きかけがニ格目的語の意志によらず、多くの場合、ニ格は非動作主的であり、受動的役割しか果たさない。（５）の文においてはその解釈しかできない。

（５）a. その女の子は、人形に靴を履かせた。
　　　b. その女の子は、人形にミルクを飲ませた。　　（松本 2000a: 86–87）

　さらに、通常の統語的サセ形使役動詞文では被使役者が文法的に補文の主

語として機能すると指摘されている (Kuno 1973, Shibatani 1976, 井上 1976 など)。それに対して、(6)の文では、老人に働きかけして、老人が自ら靴下をはいた場合は、「老人」がナガラ節の主語であると解釈できるが、(6)の場合、靴下を手にとって老人の足に付けたという意味で解釈すると、「老人」がナガラ節の主語に解釈できず、「はく」の行為者は文法的な主語として機能していないと松本(2000a)が指摘している。

(6) 彼はその(寝たきりの)老人に [PRO テレビを見ながら] 靴下を履かせた。 (松本 2000a: 88)

また語形成にも通常のサセ形使役動詞との違いがみられる。通常のサセ形使役動詞は動詞同士の複合に参加しないが、「聞かせる」や「知らせる」などの動詞は「読み聞かせる」「言い聞かせる」「告げ知らせる」のように、語彙的使役動詞と同様に複合動詞化に参加する。その根拠として、「読み聞く」という語形がないことから、「読み聞かせる」は「読み聞く」+「させる」ではなく、「読む」+「聞かせる」の組み合わせであるということが挙げられている(松本 2000a)。

このように、松本(2000a, 2000b)では、以上の議論から(3)に挙げた「はかせる」などの動詞は通常のサセ形使役動詞と異なり、語彙的使役動詞の性質を持っているとし、他動詞／二重他動詞の使役交替の例として扱われている。本研究もこれに従う。

着点動作主動詞には、(2)の「着る／着せる」や(3)の「まとう／まとわせる」など、ペアを成す動詞以外に、(7)のようなペアをなさない動詞もみられる。

(7) なめる、喫する、食する、抱える、もらう、招く、呼ぶ、来す

本研究では、着点動作主動詞に対応する(2)と(3)のような使役他動詞(二重他動詞)に注目し、その意味拡張の方向性を考察する。

7.2 着点動作主動詞とその使役動詞ペアの意味拡張

まず、対応する使役動詞を持つ着点動作主動詞は(2)と(4)を合わせて計23語ある。(8)はその合計である。

(8) 着る、かぶる、はく、まとう、はおる、食べる、食う、食らう、飲む、吸う、負う、背負う、しょう、担う、担ぐ、だく、見る、聞く、嗅ぐ、浴びる、買う、借りる、預かる

第4章に論じたが、(8)のうち「はく」「まとう」「はおる」「担ぐ」「嗅ぐ」の5つには意味拡張がみられないが、拡張ありの18語の動詞において、「着る」「かぶる」「食う」「食らう」「飲む」「負う」「背負う」「しょう」「いだく」「見る」「買う」の11の動詞には、〈不快な経験をする〉という共通の拡張義がみられる。

一方、着点動作主動詞と対応する使役動詞も(9)のように23語ある。

(9) 着せる、かぶせる、はかせる、まとわせる、はおらせる、食べさせる、食わす(食わせる)、食らわす(食らわせる)、飲ませる、吸わせる、負わせる、背負わせる、しょわせる、担わせる、担がせる、だかせる、見せる、聞かせる、嗅がせる、浴びせる、買わす(買わせる)、貸す、預ける

「はかせる」「担がせる」など意味拡張がない7つの動詞を除いて、意味拡張がある動詞は16語である。意味拡張ありの動詞のうち、「着せる」「食らわせる」「見せる」「浴びせる」などの10語に〈[不快な経験を]与える〉という拡張義がみられる。意味拡張しているかどうか、また拡張している場合〈[不快な経験を]与える〉の拡張義があるかどうかを、表1のようにまとめられる。

第 7 章　着点動作主動詞と対応する使役動詞の意味拡張　139

表 1．着点動作主動詞と対応する二重他動詞の意味拡張分布

意味拡張有り		意味拡張無し
〈不快な経験を与える〉義有り	〈不快な経験を与える〉義無し	
着せる、かぶせる、見せる、食らわす（食らわせる）、食わす（食わせる）、飲ませる、負わせる、背負わせる、しょわせる、浴びせる	貸す、食べさせる、吸わせる、担わせる、聞かせる、預ける	嗅がせる、はかせる、まとわせる、担がせる、だかせる、はおらせる、買わす（買わせる）

　さらに、〈[不快な経験を]与える〉という拡張義を持つ二重他動詞はほとんど〈不快な経験をする〉という意味へ拡張する着点動作主動詞と対応している。例えば、「食らう」と対応する「食らわせる」には「{平手打ち／げんこつ／一発}を食らわせる」のように、〈[肉体的・精神的打撃を]与える〉という意味を持っている。このような対応関係は、「買う／買わす（買わせる）」「浴びる／浴びせる」以外のすべてのペアにみられる。

(10)　足に一発、くらわせてやってもいいんだぜ！
　　　　　　　　　　　（BCCWJ　赤川次郎：雨の夜、夜行列車に）
(11)　伯仲状況下で、野党は予算組み替え要求、修正要求などを次々に出し、国会審議を一〇日間ストップさせるなどしたあげく、一四〇〇億円の修正を政府にのませた。
　　　　　　　　　　　（BCCWJ　立花隆：ロッキード裁判とその時代）
(12)　若菜は、胸の熱くなるのを覚えた。同時に、僚子に嫉妬し、責任をかぶせようとしていた自分が、恥ずかしくなった。
　　　　　　　　　　　（BCCWJ　赤川次郎：駆け込み団地の黄昏）
(13)　若しくは労働者に対し通常甘受すべき程度を著しく超える不利益を負わせるものであるとき等、特段の事情の存する場合でない限りは...
　　　　　　　　　　　（BCCWJ　浅倉むつ子・今野久子：女性労働判例ガイド）
(14)　万一そういうとき、それでもと勉にからみ、恥かしい目を見せることは乙女にとっても出来なく思われた。　　　（青空文庫：小祝の一家）

「買う／買わす(買わせる)」のペアでは、〈何らかの行動で、[よくない評判や反応を]受ける〉という拡張義が「買う」にはあるものの、それに対応するような拡張義は使役動詞の「買わす(買わせる)」にはみられない。また「浴びる／浴びせる」のペアは少し特殊で、着点動作主動詞の「浴びる」には「批判／罵声／非難を浴びる」といった表現があり、また「注目／脚光／喝采／賞賛を浴びる」などの表現もみられ、中立的である。しかし、対応する使役動詞の「浴びせる」は、「注目」「脚光」「喝采」「賞賛」といったポジティブな目的語をとるのはまれで、主に「批判／罵声／非難を浴びせる」のように〈[打撃となるようなある行為]を一度にたくさん与える〉という意味で使用される。

　このように、傾向として着点動作主動詞とその使役動詞のペアにおいて、着点動作主動詞は〈不快な経験をする〉へ、対応している使役動詞は〈[不快な経験を]与える〉へとそれぞれ拡張している。(15)と(16)の文をみてみよう。

(15)　彼は、自分のたてた大功を誇らず、まず何よりも忠勇な部下であり、そしてまた一度は脱走兵の汚名を着た杉田のために、その功を称えたのであった。　　　　　　　　（青空文庫　海野十三：浮かぶ飛行島）
(16)　彼は、重役の娘と結婚する夢がある。だから、鮎子さんに罪を着せて、美知子さんを殺したんじゃないかな。
　　　　　　　　　　　　　（BCCWJ　山村美紗：京都・金沢殺人事件）

(15)における他動詞「着る」の主語「杉田」と(16)における二重他動詞「着せる」のニ格目的語「鮎子さん」の両方とも(使役)移動の着点にあたる動作参与者であり、不快な経験を受けることになっている。したがって、着点動作主動詞・使役動詞ペアの意味拡張に、〈(移動の着点にあたる)動作参与者が[不快な経験を]受ける〉という拡張傾向があるのではないかと考えられる。

7.3 更なる考察

着点動作主動詞とその使役動詞のペアの意味拡張にきれいな対応関係があるようにみえる。ここで考えられる可能性は 2 つある。

1 つ目は、意味拡張にみられる〈不快な経験〉の意味は移動が自身または他者の自己領域の侵害を表す動詞に共通した特徴であるというものである。着点動作主動詞と類似して、対応する使役動詞の場合も主語が事物をニ格目的語の領域に移動させる動作を表す。さらに、このような使役の働きかけはニ格目的語の意志ではない (松本 2000a)。したがって、ニ格目的語の意志がない状態で、その領域へ侵入することは他者 (ニ格目的語で表されている人物) 領域の侵害になると考えられ、そのため、〈［不快な経験を］与える〉という意味が生じたのではないかと考えられる。

2 つ目は、他動詞が〈不快な経験をする〉へ拡張し、それに伴い、語形的に対応する使役動詞も類似の拡張義を獲得したということである。

本研究では以下のような言語的事実から 2 つ目の可能性がより高いのではないかと考える。

ⅰ．「浴びる／浴びせる」を除くすべてのペアにおいて、着点動作主動詞が〈不快な経験をする〉という拡張義を持っていなければ、対応する使役動詞も〈［不快な経験を］与える〉への拡張がみられない。
ⅱ．対応する使役動詞がなくても〈不快な経験をする〉へ拡張する着点動作主動詞がある。
ⅲ．着点動作主動詞と対応する使役動詞以外の他者領域を着点とする動詞には〈［不快な経験を］与える〉という意味への拡張はあまりみられない。
ⅳ．着点動作主動詞と対応する使役動詞の派生関係は、主に着点動作主動詞から使役動詞へという方向である。

以下では、これらの言語事実を詳しくみていく。

まず、ⅰに関して、「着せる」「かぶせる」など、〈［不快な経験を］させる〉

という拡張義を持つ二重他動詞は、対応する着点動作主動詞「着る」「かぶる」にもかならず〈不快な経験をする〉という拡張義がある。また、「はく」「食べる」など、〈不快な経験をする〉という拡張義のない着点動作主動詞の場合、対応する使役動詞にも〈[不快な経験を]させる〉への拡張はみられない。

しかし、対応する使役動詞がなくても、〈不快な経験をする〉という拡張義を持つ着点動作主動詞がある。(17)は対応する使役動詞がない着点動作主動詞のリストである。

(17) なめる、喫する、食する、抱える、もらう、招く、呼ぶ、来す
((7)の再掲)

第4章において確認したが、(17)のうち、「なめる」「喫する」「抱える」「招く」「来す」は〈不快な経験をする〉という拡張義を持っている。

ⅲに関しては、着点動作主動詞と対応する使役動詞の他に、(18)のような他者領域を着点とする動詞があり、これらの動詞には「売る」以外〈[不快な経験を]させる〉という意味への拡張がみられない。

(18) 売る、あげる、やる、与える、贈る、払う、貸す、預ける、授ける

「売る」は〈代金を受け取り、[商品(品物や使用権など)を][他人に]渡す〉という基本義から、〈[相手に]押し付けるまたはしかける〉という意味への拡張がみられる。ただし、これは主に「恩を売る」や「喧嘩を売る」という組み合わせに限定され、生産性はさほどない。

またさらに、着点動作動詞と対応する使役動詞の派生方向を考えてみたい。松本(2000a, 2000b)によると、他動詞／二重他動詞の派生方向は以下の3つのタイプがある。

(19) a. 他動詞が基本、二重他動詞は -se (または /-(s)ase/) と -e の付加による派生形：着る／着せる、見る／見せる、食う／食わせる、食らう

／食らわせる、飲む／飲ませる、負う／負わせる、背負う／背負わせる、浴びる／浴びせる、履く／履かせるなど
　b.　二重他動詞が基本、他動詞が -ar の付加による派生：教わる／教える
　c.　語幹尾の /r/（または /ri/,）と /s/（または /se/）の交替：かぶる／かぶせる、借りる／貸す

　派生方向が3種類ある中で、〈不快な経験をする〉の意味へ拡張するペアにおいては、「かぶる／かぶせる」だけは語幹尾の /r/ と /s/ の交替によるものであり、それ以外のペアは全て他動詞が基本で、二重他動詞が -se または -e の付加による派生形である。つまり、〈不快な経験〉の意味へ拡張するペアは着点動作主動詞から対応の二重他動詞へという派生方向が基本である。

　これらのことを踏まえ、使役動詞に他者の自己領域の侵害により、〈［不快な経験］をさせる〉の意味が独立して獲得していると考えるより、着点動作主動詞が〈不快な経験をする〉という意味へ拡張し、それに伴い、語形的に対応する使役動詞も類似の拡張義を獲得したという2つ目の可能性がより高いのではないかと考える。

7.4　自己の自己領域と他者の自己領域の違いによる説明

　第5章において論じたように、着点動作主動詞が〈不快な経験をする〉という意味へ拡張するのは自己領域の侵害によると考えられる。しかし、自己領域の場合と同様に、他者領域への使役移動は使役者（動作主）にとって他者領域を侵害したと考えるのか。

　表2は外から自己領域への使役移動と自己領域より外（他者の領域への移動も含む）への使役移動を表す動詞である。

　表2のように、外から自己領域へ、自己領域より外への使役移動を表す動詞は対応関係にならずに非対称性をみせている。特に身体（部位）を着点または起点とする動作にこのような非対称性がより顕著にみられる。例えば、着衣動詞は「着る」「かぶる」「はく」のように着点である身体部位が語彙化

表2. 外から自己領域へと自己領域より外への使役移動の語彙化比較

	外から自己領域へ	自己領域より外へ
着脱	着る、かぶる、こうむる、はおる、まとう、はく	脱ぐ
負荷	負う、背負う、しょう、担う、担ぐ、抱える、いだく、だく	
摂食	食う、食らう、なめる、食べる、吸う、飲む、食する、喫する	吐く(はく)、吐く(つく)、吹く
知覚	みる、嗅ぐ、聴く	
その他	買う、もらう、招く、浴びる、呼ぶ、借りる、来す、預かる	売る、あげる、やる、与える、払う、贈る、貸す、預ける、授ける

され、身体部位によって使い分けられているが、脱衣動詞のほうはそのような区別がなく、「脱ぐ」で済ませている。われわれには他者領域より自己領域をずっと重んじる傾向があると推測できる。

さらに、自己領域より外へ移動させる場合、他者領域への移動が含意されるのは「その他」の項目に入っている「売る」「あげる」「与える」「やる」「払う」「贈る」「貸す」「預ける」「授ける」のみである。これらの動詞が表している動作は、他者の身体つまり第5章で論じたBODILY PERSONALではなく、AMBIENT EXTRAPERSONALに物事を移動させる。

人間は事物を自己領域から外(または他者領域)へ移動させることより、外から自己領域に何かを移動させることに関心があるように考えられる。語彙化の非対称性は、このような人間の心理が言語に反映されていると考えられる。

7.5 まとめ

以上のように、着点動作主動詞と対応する使役動詞の意味拡張にみられる〈[人に不快な経験を] させる〉という拡張の方向性は、自己領域の侵略が原因で着点動作主動詞が〈不快な経験をする〉という意味へ拡張し、語形的に対応する使役動詞も類似の拡張義を獲得した可能性が高いことを明らかにした。さらに、自己領域と他者領域の違いからその原因を究明した。

第 8 章　手と手以外の身体部位の違いによる方向性の相違

　本章では、異なる身体領域における意味拡張の方向性の違いをみる。動作主の身体部位を着点とする動詞においては、着点が手であるか、手以外の身体部位であるかによって異なる拡張方向が観察される。「つかむ」などの手を着点とする動詞には主語にとって有利な出来事へ、一方、手以外の身体部位を着点とする動詞には主語にとって不快な出来事へ、という対照的な拡張方向がみられる。本章では、拡張方向を明らかにした上で、このような違いが生じた原因を探る。

8.1　動作主の身体部位が着点になる動詞

　今まで議論してきた着点動作主動詞は、動作主の身体が着点となっているものが多数みられる。

　着衣動詞については、第 3 章でみたように、頭部だけが指定されると「かぶる」、下半身だけが指定されると「はく」が使用され、それ以外の場合(胴体のみ、胴体+頭、胴体+足)には「着る」が使われる。

　摂食動詞のほうは、動作主が飲食物に働きかけ、動作主の体の一部である口に飲食物を入れる。目にみえる移動の着点は動作主の体の一部である口までであるが、実際には飲食物はさらに体内へ移動する。

　負荷動詞は、「負う」「背負う」「しょう」や「抱える」など、バリエーションに富んでいるが、その違いは主に対象物が接する身体部位にある。「負う」「背負う」「しょう」は「背中」が着点になっている。これに対し、

「抱える」は背中ではなく、着点となる身体部位は胸であったり、脇であったりする。

　知覚動詞において共通の拡張方向を示すのは視覚動詞である。視覚の成立には「光エネルギー→目→視覚野→連合野」という情報処理パラダイムが不可欠である。外界物質から反射された光が瞳孔を通して網膜に達し、眼球の奥にある光受容細胞に吸収され、そこから光処理を始める。つまり、視覚において光の着点は目であり、もっと正確に言えば光受容細胞である。

　このように着点動作主動詞の多くは動作主の身体またはその一部を着点としている。

　着点動作主動詞のほかに、「つかむ」「握る」「持つ」などの動詞も動作主の身体部位である「手」が着点になっている。手が他の部位と異なるのは、自由に動かすことができる点である。したがって、「持つ」などは（1）のように、「ハンドル」が固定されていて、動作主である「運転手」が手をのばしてハンドルを手の内側に入れるという動作も表すことができる。

（1）　ハンドルを持って信号待ちをする運転手

　これらの動詞の表す行為は、動作主の身体部位である手を動かして対象物を動かすことなく成立する。つまり、動作主が対象に働きかけることによって対象物が動作主の手の内側に入るという意味では身体部位である「手」が着点となっているが、使役移動は必須ではないため、着点動作主動詞と区別して扱う。

　このように、身体部位を着点とする動詞は着点が手であるかそれ以外の身体部位かによって、大きく2種類に分けられる。

タイプⅠ：手が着点になる動詞
　取る、つかむ、つかまえる、とらえる、つまむ、持つ、握る、入手する
タイプⅡ：着点動作主動詞（手以外の身体部位が着点になる）
　ⅰ．着衣動詞：着る、かぶる、こうむる、はく、まとう

ⅱ．負荷動詞：負う、背負う、しょう、担う、担ぐ、抱える、いだく、だく[1]
　ⅲ．摂食動詞：食う、食らう、喫する、なめる、飲む、食べる、吸う、食する
　ⅳ．感覚動詞：見る、聴く、嗅ぐ

　タイプⅡの着点動作主動詞が表す動作にも手の働きが含まれている。人は手で食物を口へ運んだり、荷物を肩にかけたりする。しかし、これらの場合、手は対象物を動かす道具または手段であり、移動の中継点である。
　タイプⅡの動詞には、〈不快な経験〉へ拡張する傾向があることは既にみた通りである。以下ではタイプⅠの手が着点になる動詞の意味拡張を考察する。そのうえで、このような2種類の動詞の意味拡張における方向性の相違を検討する。そして最後に、異なる拡張方向を引き起こす原因を究明する。

8.2　手が着点になる動詞の意味拡張

　手が着点になる動詞は、先ほど挙げたタイプⅠの「取る」「持つ」「つかむ」「握る」「とらえる」「つかまえる」「つまむ」および「入手する」という8つがある。これらの動詞の意味拡張を観察すると、以下のような拡張方向がみられる。

方向①：〈手で［物を］獲得する〉ことから〈所有にする〉ことへ
　　　　〈［物を］手元に保つ〉ことから〈所有する〉ことへ
方向②：〈手で［物を］獲得する〉ことから〈理解する〉ことへ

　以下では、これらの拡張方向について詳しくみていく。

8.2.1 〈手で［物を］獲得する〉ことから〈所有にする〉ことへ／〈［物を］手元に保つ〉ことから〈所有する〉ことへ

「つかむ」「つかまえる」「とらえる」「取る」「入手する」は〈自分の所有物にする〉、「握る」「持つ」は〈所有する〉という拡張義を持っている。

8.2.1.1 「つかむ」「つかまえる」「とらえる」「取る」「入手する」

「つかむ」は〈対象物に向けて手を伸ばし、五指を内側に折り曲げて［対象物を］その中に入れ、力を入れて保持する〉という基本義から、(2) のように、〈［機会など人から逃げてしまうものに］積極的に働きかけて獲得する〉という意味へと拡張をしている。

(2) {大金／証拠／情報／機会／成功／幸運／良縁／幸せ／タイミング}
　　をつかむ

この意味での「つかむ」がとる目的語に関して、国広 (1977) では「普通はなかなか入手しにくい、追求の対象」であると指摘している。「幸せを逃す」「チャンスを逃す」「タイミングを逃す」などがあるように、目的語にくるものはしっかり「つかまない」と逃げてしまうものが多い。

そして、「{機会／証拠}をつかまえる」、「{チャンス／機会／情報}をとらえる」などの表現から分かるように、類似する意味拡張は「つかまえる」と「とらえる」にもみられるが、現在ではこの意味での使用例は少ない。

(3) そういう考えを持って、これからもいろんな機会をつかまえまして粘り強く北朝鮮の当局と交渉してもらいたいと思います。
　　　　　　　　　　　　　　　（BCCWJ　国会会議録：第 139 回国会）
(4) 各省設置法を新たに制定するという千載一遇のチャンスをとらえ、この際、設置法から権限規定を削除すべきであります。
　　　　　　　　　　　　　　　（BCCWJ　国会会議録：第 139 回国会）

「取る」は「{金メダル／休み／免許／資格／学位／天下／政権}を取る」のように、〈[(主に手に入れたい)ものを]特定の組織または個人から獲得する〉という意味へ拡張している。

この意味で使われる際、「取る」は〈特定の組織または個人から〉という規定がある。例えば、「学位を取る」は所属する大学または研究機関から、「政権を取る」は与党から、というようである。したがって、この意味で使われる「取る」は「幸せ」など存在場所が一定しないものを目的語にとることはできない。(5)の「夢を取る」と「幸せを取る」は「夢／幸せをつかむ」と同じ意味にならず、〈[2つ以上の選択肢のどちらかを]選ぶ〉という意味になる。

(5) 夢を取るか、普通の幸せを取るか。

「取る」と比べて、「つかむ」が目的語にとるものは「チャンス」や「幸運」などといった存在場所がはっきりしないものである。なぜこのような違いが生じたかというと、基本義で使われる時、「取る」は「(箸置きから)箸を取る」などのように、対象物は静止状態かまたは固定している物が多い。それに比べて、「つかむ」「つかまえる」「とらえる」の場合は対象物が動いているものが多い。静止している物は元の場所が確認されやすいが、動いている物は元の場所が分からないか、確認しにくい。つまり、基本義にみられるこのような違いが拡張義においても保たれているのである。

8.2.1.2 「握る」と「持つ」

基本義において〈動作主向けの使役移動〉という意味が薄い「握る」と「持つ」は〈[物を]手元に保つ〉ことから〈所有する〉へという共通する拡張方向が観察される。

「持つ」は〈所有する〉という意味へ拡張し、「握る」には〈[権力などを]他人に奪われないように自分の支配領域に収める〉という意味がみられ、「持つ」より〈他人に奪われないようにしっかりと〉という意味が含ま

れている。

（6）a. {別荘／大金／資格} を持つ
　　　b. {稀有の高さ／威力／不思議な美さ／日本らしさ／競争力／自信} を持つ
（7）a. {政権／権力／主権／実権／権勢／支配権／主導権／政局の鍵} を握る
　　　b. {国内生産の要／証拠／相手の弱点} を握る
　　　c. {多大の利益／お金／財布のひも／家計} を握る

「持つ」と「握る」の拡張にみられる相違も基本義からきたものであると考えられる。「持つ」はただ〈対象物を手中に収めて保持する〉だけであるが、「握る」のほうは、〈五指を内側へ折り曲げ、手のひらと指で物を包み込むような形で、力を加えることによって手の力を集中し、物に圧力をかける〉という意味であり、所持物に〈力を入れる〉ということには、きちんと保持し、相手に奪われないようにという含意が読み取れる。

8.2.1.3　「つかむ」系と「握る」系の比較

　タイプⅠの動詞は全体的にいうと、「つかむ」や「取る」などは〈手で[物を]獲得する〉という意味から〈所有にする〉へ、「握る」と「持つ」には〈[物を]手元に保つ〉ことから〈所有する〉へと意味拡張している。(8)と(9)を比較してみよう。

（8）a.　三年前に英検1級を取った。
　　　b.　*三年前に英検1級を持った。
　　　c.　三年前から英検1級を持つようになった。
（9）a.　今英検1級を取っている。
　　　b.　今英検1級を持っている。

(8a)は容認できるが、(8b)が容認できないのは、「取る」は〈所有していない状態から所有するようにする〉という動作であり、「持つ」は〈所有する〉という状態を表しているからである。一方、(9a)と(9b)は両方とも言えるが、(9a)のほうは「英検1級」をまだ手に入れておらず、それを獲得しようとする動作を表しているが、(9b)のほうは「英検1級」を所有している状態を表していて、意味が異なる。

このように、タイプⅠの動詞において、「つかむ」「つかまえる」「とらえる」「取る」「入手する」には〈所有にする〉、「握る」「持つ」には〈所有する〉という拡張義がある。前者は状態変化の使役で、後者は状態を表している。

8.2.2 〈手で［物を］獲得する〉ことから〈理解する〉ことへ

「つかむ」「つかまえる」「とらえる」及び「取る」は〈理解する〉という共通の拡張義を持っている。

「つかむ」は、〈［容易に表面に現れない物事の要点や真実などを］理解する〉という意味へ拡張している。

(10) ｛こつ／本質／気持ち／核心／要点／真相／現実／要諦／大意｝をつかむ

〈しっかりつかまないと逃してしまう〉という意味特徴はここでもみられ、「つかむ」は簡単につかめないものを目的語にとることが多い。

(11) 教科書や授業だけでは見えてこない、条文の背後にある現実をつかむことができるため…　　　（http://hou.soka.ac.jp/three_course.html）
(12) その裏や真相をとらえようとし、実際に付き合いを重ねていく中で、その事実をつかんでいきます。
　　　　　　　　　（http://ameblo.jp/dupondt/entry-10560453202.html）

「つかまえる」は「つかむ」と類似の意味を持っていたが、現在において、この意味ではそれほど使われていない。『日本国語大辞典』には、以下の実例と共に〈［物事の意味・人の意図などを］確かに理解する〉という意味が挙げられている。

(13) 天地自然の理といふものを、しっかりとつかまへて、是は斯うなうてはならぬ事と、みづからさし極むる程のこたへがない。
(加藤祐一：文明開化)

(14) なんだか要点が掴(ツカ)まへにくいやうで。　　(森鷗外：青年)

現代日本語書き言葉均衡コーパス (BCCWJ) にも、少数ながら以下のような例がみられる。

(15) 奄美なら奄美、沖縄なら沖縄という世界がもっていた全体像、実際に存在した現実をつかまえなくてはダメだと思いますね。
(BCCWJ　高良倉吉／谷川健一：沖縄・奄美と日本)

(16) そういった琉球・南島社会のダイナミックな実態をつかまえるためには、やはり、それらをつないだ海上交通を重視していかざるをえない。
(同上)

「とらえる」には〈［物事の内容・本質などを］理解する〉という拡張義がある。

(17) a. 意味を的確にとらえる／特徴をうまくとらえる／文章の要点をとらえる
　　 b. 事件の真相をとらえる／情報の本質をとらえる

一方、「取る」は〈理解・判断する〉という意味がある。

(18) a. 文字どおりに取る
　　b. 事態／物事を悪く取る
　　c. 私は彼の言葉を不承知と取った
　　d. 冗談をまじめに取る

表1のように、「取る」が持つ〈理解する〉という意味は複合動詞の後項にもみられる。

表1. 複合動詞における〈理解〉を表す後項動詞「取る」

動詞	意味	例文
読み取る	a. 文章などを読んで、その意味や主旨を理解する	(19)
	b. 外面に現れたことから、本心などをおしはかって理解する	(20)
聞き取る	音声(言葉)からその内容を理解する	(21)
汲み取る	相手の心情や事情をおしはかったり、理解したりする	(22)

(19) たった三行の短い文面から読み取れるのは、ざっとそれくらいのことである。　　　　　　（BCCWJ　鈴木史楼：書のたのしみかた）
(20) となると、相手の顔色や態度を見ながら性格を読み取り、そのつどそれに応じた出方で対処していかなければならない。
　　　　　　（BCCWJ　上前淳一郎：人・ひんと・ヒット）
(21) はたして一度耳にして文意が聞き取れるか。
　　　　　　（BCCWJ　長野正：日本語の音声表現）
(22) 鑑賞の上からは格調に主力を置かずに着用者の意図を汲み取るか、作域の珍奇さを理解してやるべきであろう。
　　　　　　（BCCWJ　笹間良彦：甲冑鑑定必携）

　手の操作から〈認識〉への拡張は、他の言語に関する先行研究でも指摘されている。Sweetser(1990)では(23)のような例を挙げ、〈物理的な手の操作〉と〈理解〉との結びつきは極めて広く行きわたったものであると述べている。

(23) a. ラテン語の comprehendere〈つかむ〉からフランス語の comprendre〈理解する〉へ
   b. ギリシャ語の katalambano〈つかむ〉から katalambaino〈理解する〉へ
   c. 英語にも grasp a concept〈ある概念を把握する〉
      catch onto an idea〈ある考えを理解する〉
      gotcha（フランス語の j'ai saisi も）〈把握している〉

　日本語においても、「つかみどころがない話」などのように、物理的接触を表す語が直接心理的プロセスを表すようになるとの指摘もある（籾山・深田 2003: 94）。
　一方、Jäkel(1995)では《知的活動は手による操作である》(MENTAL ACTIVITY IS MANIPULATION)という概念メタファーを提唱している。この概念メタファーでは、着点領域が今までの〈理解〉から〈知的活動(mental activity)〉というより広い範囲のものに変更されている。Jäkel(1995)がいう知的活動には〈学習(learing)〉〈理解(understanding)〉〈問題解決(judging)〉〈判断(remenbering)〉〈記憶及び忘却(remembering and forgetting)〉が含まれ、Sweetser (1990)よりメタファーの着点領域を広くとらえているのである。〈理解〉のほうに絞ってみると、Jäkel(1995)では〈素材の収集(gathering material)〉と合わせて、《アイデアを理解することは物理的な接近を確立させることである》(Understanding an idea is establishing physical closeness)、《アイデアや問題はターゲットである》(Ideas and problems are targets)といったメタファーを挙げている。これらのメタファーの下には、さらに(24)のような概念メタファーが含まれているという。

(24) a. Understanding starts with attempts at finding and hunting idea object
   b. Understanding is seizing idea objects firmly
   c. Understanding is picking up idea objects from the ground
   d. Understanding is taking idea objects into the mind container

(Jäkel 1995: 200–204)

しかし、(25)から(28)のように、起点領域は手の動作と関わりがないか、もしくは着点領域が〈理解〉ではないという例もみられる。

(25) Sally *searching for* an idea all day.
(26) Much of the information he *gleaned* was of no practical use.
(27) Where did you *pick up* such ideas?
(28) I *take up* one problem at a time. (Jäkel 1995: 200–203)

(25)における searching for の基本義は〈手の操作〉でもなければ、〈理解〉への写像でもない。glean、pick up、take up は起点領域において手における操作であり、着点領域で〈知的活動〉に属するものの、〈理解〉という範疇のものではない。つまり、〈情報収集〉と〈理解〉という2つの概念領域を統合することに問題が生じたと考えられる。

本研究では《思考活動は手による物体操作である》という上位メタファーの下に《理解することは手による物の獲得である》という下位メタファーを設定する。これらのメタファーは IDEAS (OR MEANINGS) ARE OBJECTS (Reddy 1979) という存在メタファーと平行である[2]。言語表現として、日本語では「つかむ」系の他に、〈区別する〉ことを「分ける」で表現し、「聞き分ける」「見分ける」などの表現もされる。さらに、「思い出す」「思い起こす」「思い返す」「思い合わせる」「思い描く」「思い切る」「思い詰める」「考え合わせる」「考え出す」「考え直す」などのように、思考活動を物体操作で表したりする表現は多くみられる。

8.3　方向性の比較及び原因探求

タイプⅠとタイプⅡの動詞は意味拡張の方向において顕著な差がみられる。手が着点になる動詞は〈［有利なものを］意図的に取り入れる〉という意味へ、手以外の身体部位が着点となる動詞は〈不快な経験〉へとそれぞれ拡張している。つまり、前者は積極的に有利なものを取り入れるが、後者の

場合は不利益なものに抵抗できず、受け身的に受けざるを得ないことを表す。手も自己領域に属する身体部位であるが、なぜ他の身体部位と異なる拡張方向が生じるのだろうか。本研究では、身体部位における手の能動性・優位性からこれらを説明できると考える。

　手は物理的な環境との意図的な接触の中で重要な器官であり、もっとも用途の広い道具とみてよい。触覚の器官以外の全ての感覚器官は人間より動物のほうが有能であると指摘され、例えば、ワシやタカ、ガゼル、ネコ族の眼の完成度、猛禽類やイヌ、オオカミ、ハイエナでは嗅覚が驚くほど鋭い。手による操作だけ人間がほかの動物に対する優位性を持つとされる (Bell 1833)。内田 (1994) では人間の手とその他の動物の作業器官との比較を行っている。他の動物や鳥類は歯、嘴または前肢を使って作業を行う。鳥類の主な作業器官は嘴であり、嘴で物を操作し、その際に足で物を押さえるという、いわゆる捕捉器官としての役割を果たしている。5本の指でもって片手で物をつかむことができるのは霊長類だけである。しかし、同じく霊長類であってもサルなどは樹上生活をしている限り、その能力の大半は身体の支持と移動のために費やされ、完全に手が解放されたとは言いがたい。手が道具として完全に機能するためには、上肢が歩行器官としての役割から完全に解放されなければならない。直立二足歩行の適応によって手が解放されるのである。解放された人間の手はさらに道具（あるいは物）との結び付きのなかで、その働きがいっそう拡大されたのである (内田 1994)。人類の進化も上肢の自由化が伴い、上肢が歩行の道具から生産の道具にかわり、手の働きが重要になってくる。(29) は「手」の派生義だが、ここから、人間にとっての手の重要性が窺い知れる。

(29) a. 〈その動作をする人〉：嫁のもらい手、語り手、聞き手
　　 b. 〈労働力〉：人手が足りない、女手一つで子供を育て上げる
　　 c. 〈取りかかる〉：手を付ける、着手する
　　 d. 〈所有範囲〉：人の手に渡したくない
　　 e. 〈支配〉：ライバル会社の手の者、犯人の手から人質を救う

f. 〈手段〉：手を尽くす

さらに、手は「第二の脳」であると言われ、手を思いどおりに働かすためには、脊髄、小脳および大脳が深く関わっており、人間が手を使うことによって大脳の発達が促されたのである (内田 1994)。

手の能動性は神経心理学の成果からも裏付けられている。第5章で挙げた The Model of 3-D Spatial Interactions をもう一度みてみよう。

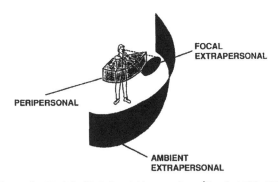

図 1. The Model of 3-D Spatial Interactions (Previc 1998: 125)

図1のように、大脳皮質の機能分担に基づき、われわれを囲む環境は peripersonal、focal extrapersonal、ambient extrapersonal という3つに分けられているが、ここで注目したいのは peripersonal である。peripersonal は左右対称である人体を中心に、左右30度かつ 0–2m の空間を指す。この体と最も密接な関係を持つ領域では、手の動き (reach for、grasp、manipulation) が最も基本な機能を果たしているとされる (Previc 1998)。手は自己領域外に位置する必要または好むものを領域内に移動させることができるだけでなく、（武器を含む道具を使用し）領域外からの侵略を防ぐこともできる。これは手が他の身体部位が比較できないほど能動的であることを物語っている。この範囲内に自分の意志によらずに他者が侵入することは不快感をもたらすが、もっとも能動性の高い手の動きだけは異なる傾向をみせる。

また手ほどではないが、足にもある程度自己領域内・外の調達という能動

性があると考えられる。足を着点とする「はく」にも〈不快な経験〉の意味がみられない（もっとも、「はく」は意味拡張が起きていない）のは、これに起因しているのではないかと考えられる。

8.4　まとめ

　本章では、動作主の身体部位が着点になる動詞に着目し、手、そして手以外の身体部位を着点とする動詞は、意味拡張において異なる拡張を示すことを明らかにした。さらに、身体部位における手の優位性から、このような拡張の違いが生じた原因を究明し、意味変化がこのような身体的基盤に影響されるということを明らかにした。ここで検討したことは言語の身体基盤性を証拠付ける具体例になると考えられる。

注
1 「抱える」「だく」及び「いだく」は手、または腕を使用するが、「抱える」は脇や胸を着点とし、「だく」と「いだく」は胸を動作の着点とするため、手以外の身体部位を着点とする動詞類に入れることにした。
2 Reddy (1979) の導管メタファー (IDEAS (OR MEANINGS) ARE OBJECTS, LINGUSITIC EXPRESSIONS ARE CONTAINERS, COMMUNICATION IS SENDING) による。

第 9 章　他言語からの検証

　日本語の着点動作主動詞にみられる〈自分の領域へのモノの移動〉から〈不快な経験〉という今まで指摘されてこなかったこのような方向性は、果たして日本語特有の現象であるか、それとも他の言語にもみられることだろうか。その普遍性を確かめるために、中国語、韓国語、英語、インドネシア語、ロシア語を対象に言語調査を行う。

9.1　先行研究

　摂食動詞の意味拡張に関して、第 4 章でも触れたが、日本語の他にペルシャ語に関する研究や、または複数の言語における類型論的見地に立つ研究がみられる。

　ペルシャ語の摂食動詞 xordæn について詳細な意味記述を行った研究として、Family (2008) が挙げられる。Family (2008) は、xordæn の意味拡張を分析し、xordæn の主要な意味を図 1 のように図式化している。

　本研究で注目する〈不快な経験〉に相当する意味には SUFFERING と AFFECTED があり、この 2 つの意味については以下図 2 と図 3 のように詳しい記述がなされている。

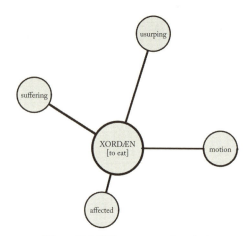

図 1. 摂食動詞 xordæn の主な意味

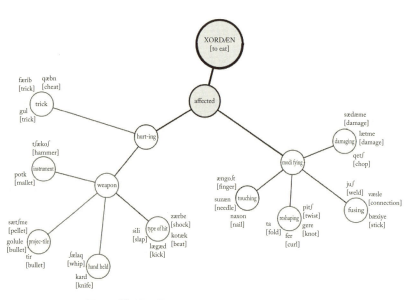

図 2. 〈[影響を] 受ける (affected)〉義の下位構造

　上の図 2 は〈[影響を] 受ける〉という意味を表しており、その下にさらにいくつかの意味が細分化されている。

(1) 〈[損傷を] 受けたり、悪化させられたりする (be damaged or deteriorated.)〉

  a. asib xordæn injury XORDÆN be injured, be damaged
  b. zæxm xordæn wound XORDÆN be damaged, wounded
  c. lætme xordæn setback XORDÆN sustain setback (e.g. progress)

(2) 〈[手足や道具で] 打たれ、多くの場合マークや跡が残る (be touched with a hand or foot or an instrument, usually leaving a mark or imprint.)〉

  a. dæst xordæn hand XORDÆN be touched, altered
  b. suzæn xordæn needle XORDÆN be touched/ pierced with a needle
  c. pa xordæn   foot XORDÆN get hit with a foot

(3) 〈[人の手や足または頭によって] 攻撃される (be hit with another entity's hands, feet, or head.)〉

  a. sili xordæn   slap XORDÆN be slapped
  b. lægæd xordæn kick XORDÆN get kicked
  c. moʃt xordæn fist XORDÆN get punched

(4) 〈[武器で] 傷つけられるまたは刺される (be wounded or penetrated by a weapon.)〉

  a. xænjær xordæn scie XORDÆN be hit with a scie
  b. tʃaqu xordæn knife XORDÆN be stabbed with a knife
  c. ʃæmʃir xordæn sword XORDÆN be stabbed with a sword

(5) 〈[発射式武器で] 攻撃される (be attacked by a projectile weapon.)〉

  a. muʃæk xordæn missile XORDÆN get hit by a missile
  b. tir xordæn   bullet XORDÆN get shot with a bullet
  c. sætʃme xordæn pellet XORDÆN get shot with pellets

図 3 は〈[苦痛などを] 経験する (suffering)〉という意味を表し、さらに感情的 (emotional) と物理的 (physical) に分けられている。

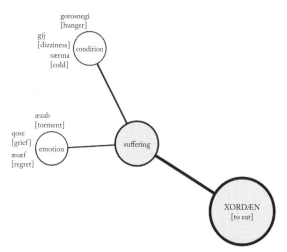

図3.〈[苦痛などを]経験する(suffering)〉義の下位構造

(6) 感情的(emotional)

 a. nedamæt xordæn regret XORDÆN regret
 b. qose xordæn concern XORDÆN worry, be concerned
 c. ænduh xordæn sorrow XORDÆN grieve

(7) 物理的(physical)

 a. gorosnegi xordæn hunger XORDÆN suffer from hunger
 b. særma xordæn cold XORDÆN catch cold(from the cold)
 c. giji xordæn dizziness XORDÆN get dizzy

このほかに、類型論的立場から EAT の意味を考察する研究もみられる。Pardeshi et al. (2006) は、EAT 表現がしばしば飲食物ではないものを目的語にとると指摘し、東・東南・中央・西・南アジア諸語を対象に、EAT に相当する基本動詞の使用表現を取り上げ調査を行った。EAT の意味および具体例は以下のように提示されている。

(8) Category A: BASIC SENSE: [＋animate, ＋agentive] Subject, [＋edi-

　　　　　　　　ble] Object

Examples: {men, women, etc.} EAT {bread, water, cigarettes, betel leaf, etc.}

Category B: [+animate, +agentive] Subject, [-edible] Object

Examples: {men, women, etc.} EAT {money, bribe, profit, rent, etc.}

Category C: [-animate, -patientive] Subject, [-abstract] Object

Examples: {cars, computers; jobs, etc.} EAT {fuel, time, electricity, etc.}

Category D: [-animate, -patientive] Subject, [+abstract] Object (Inani- mate agents perform actions.)

Examples: {balls, kites, boats, rope, etc.} EAT {a bounce, swing, kink, etc.}

Category E: [+animate, -agentive] Subject, [-abstract] Object (Subjects affected by an instrument.)

Examples: {humans} EAT {whip, bullets, sword, cudgel; curses, etc.}

Category F: [+animate, -agentive] Subject, [+abstract] Object (Subjects undergo action or emotion.)

Examples: {humans} EAT {deception, defeat, eviction; anger, fear, sorrow, etc}

Category G: [-animate, +patientive] Subject [-abstract] Object (Inani- mate subjects affected by entities.)

Examples: {books, grain, knives, etc.} EAT {rust, ants, dust, etc.}

Category H: [-animate, +patientive] Subject, [+abstract] Object (Inani- mate subjects affected by forces.)

Examples: {crops, clothes, etc.} EAT {heat, cold, dampness, etc.}

Category I: one-of-a-kind idioms

EAT の E、つまり subjects affected by an instrument という意味は、「平手打ち、拳骨、パンチ、キック、棒、むち、ナイフ、銃弾、靴殴り」といった物理的損害と「非難、小言、叱責、罵り」などの口頭攻撃に分けられるが、口

頭攻撃による損害・被害を意味する EAT 表現を有する言語はかならず物理的な損害を意味する EAT 表現を有するが、その逆はないという一般的傾向があると述べている。

さらに、EとFのカテゴリーに属する表現、つまり本研究で議論している〈不快な経験〉という意味を表す EAT は、AやBなどのようなどの言語においても存在しうるカテゴリーとは異なり、中央・南アジア及びある程度の東北アジア諸語に特有のものであると述べている。これは、Masica (1976) が語順、V1＋V2 型複合動詞、与格主語構文、接辞による使役表現、HAVE という動詞の欠如などといった特徴に基づいて定義したインド・アーリア言語地域と極めて類似している（中国語は例外）と述べている。EとFカテゴリーの分布図は以下の引用の通りである。

このように、先行研究から、摂食動詞は中央・南アジアおよびある程度の東北アジア諸語において〈不快な経験〉という意味があることが分った。しかし、摂食動詞以外の動詞については先行研究において、ほとんど議論され

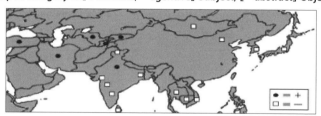

Map 1: Category E: [＋animate, －agentive] Subject, [－abstract] Object

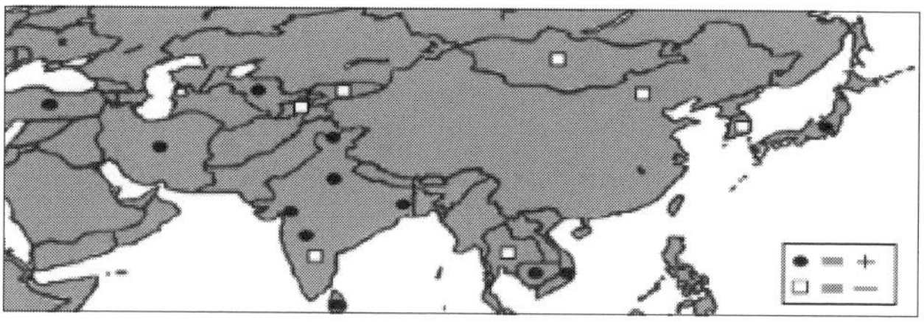

EAT a beating (＝be beaten)

Map 2: Category E: [＋animate, －agentive] Subject, [－abstract] Object

EAT knife (＝be stabbed)

Map 3: Category E: [＋animate, －agentive] Subject, [－abstract] Object

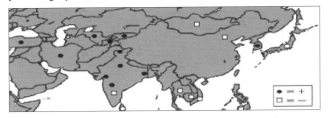

EAT verbal abuse (＝suffer verbal abuse/be insulted)

Map 4: Category E: [＋animate, －agentive] Subject, [－abstract] Object

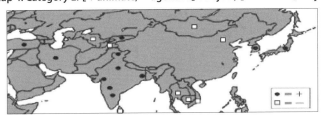

EAT scolding (＝be scolded)

Map 5: Category F: [＋animate, －agentive] Subject, [＋abstract] Object

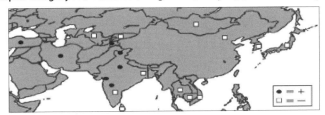

EAT cheating (＝be cheated)

Map 6: Category F: [＋animate, －agentive] Subject, [＋abstract] Object

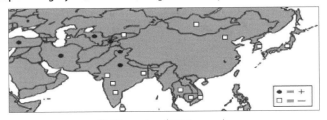

EAT emotion (EAT sorrow)

ていない。本研究では、着点動作主動詞の全ての動詞を対象に、中国語、韓国語、インドネシア語などの言語を対象に多言語調査を行う。

9.2 他言語のデータ

9.2.1 中国語における着点動作主動詞

日本語にならって、中国語における着点動作主動詞を集め、同様の基準で分類した。中国語の着点動作主動詞は(9)のようなものがある。

(9) I．着衣動詞：被 bei、着 zhuo、穿 chuan、戴 dai、披 pi
　　II．摂食動詞：吃 chi、饮 yin、吞 tun、咽 yan、喝 he、吸 xi
　　III．知覚動詞：见 jian、看 kan、听 ting、嗅 xiu、闻 wen
　　IV．負荷動詞：负 fu、担 dan、扛 kang、背 bei、挑 tiao、抱 bao
　　V．その他の動詞：招 zhao、买 mai、借 jie、学 xue

9.2.1.1 着衣動詞

着衣動詞では「被 (bei)」「着 (zhuo)」「戴 (dai)」の3つに〈不快な経験〉への拡張がみられる。そのうち、「被」と「着」は、受身標識へとさらに文法化しているため、受身との関連で第10章において詳しく議論する。

「戴」は帽子の他に、めがね、手袋、指輪などを身につける時にも使用できる。

(10) a. 戴 帽子　　　b. 戴 眼镜　　　c. 戴 手套　　　d. 戴 口罩
　　　 dai maozi　　 dai yanjing　　 dai shoutao　　 dai kouzhao
　　　 dai 帽子　　　 dai めがね　　　 dai 手袋　　　 dai マスク
　　　（帽子をかぶる）（めがねをかける）（手袋をはめる）（マスクをする）

(11a) のように、「戴」は「罪」と共起することもできる。また、「绿帽子」という目的語をとることができる。「绿帽子」は〈緑の帽子〉という意

味から、〈彼女や妻の浮気〉という意味を表し、「戴緑帽子」という組み合わせで〈[彼女や妻に] 浮気される〉という意味を表す。拡張義での「戴」は生産性が低く、主に四字熟語や慣用句において使用される。

(11) a.　戴　罪　立　功　　　　　　b.　戴　緑帽子
　　　　dai zui li gong　　　　　　　　dai lv maozi
　　　　dai 罪 立てる 手柄　　　　　　dai 緑の帽子
　　　　（罪滅ぼしに手柄を立てる）　　（(男の人が)浮気される）

9.2.1.2　摂食動詞

摂食動詞においては、「吃 (chi)」と「饮 (chi)」が〈不快な経験〉へと意味が拡張している。「吃」はさらに受身標識へと文法化し、第 10 章でまた取り上げるが、ここでは「饮」との区別で少し触れることにする。

「吃」主に固体の飲食物を食べる時に使われる。そして日本語と同じく薬にも使われる。地域によっては、固体、液体、タバコなどのすべてに「吃」を使用するところもある。

(12) a.　吃　面包　　　　b.　吃　口香糖　　　　c.　吃　药
　　　　chi mianbao　　　　　chi kouxiangtang　　　　chi yao
　　　　chi パン　　　　　　 chi ガム　　　　　　　　chi 薬
　　　　（パンを食べる）　　（ガムをかむ）　　　　　（薬を飲む）

「吃」は摂食動詞から、(13)のように「拳〈パンチ〉」や「耳光〈ビンタ〉」、(14)のように「官司〈訴訟〉」、「闭门羹〈門前払い〉」、さらに「苦〈苦労〉」や「惊〈驚き〉」などを目的語にとるようになっている。

(13) a.　吃　板子　　　　b.　吃　拳　　　　　　c.　吃　耳光
　　　　chi banzi　　　　　　chi quan　　　　　　　chi erguang
　　　　chi 板(責め道具)　　chi こぶし　　　　　　chi ビンタ

(14) a. 吃 官司　　　　b. 吃 闭门羹
　　　　(せっかんされる)　(パンチをくう)　　(ビンタを張られる)
　　　chi guansi　　　　　chi bimen'gen
　　　chi 訴訟　　　　　　chi 門前払い
　　　(訴えられる)　　　　(門前払いをくう)
　　c. 吃 亏／苦／惊
　　　chi kui/ ku/ jing
　　　chi 損／苦労／驚き
　　　(損する／苦労する／びっくりする)

　一方、摂食動詞としての「饮」の対象は液体に限られる。「饮」は意味拡張し、「弾〈銃弾〉」や「冤〈冤罪〉」などと共起して、〈［物理的または心理的に望ましくないことを］受ける〉という意味を表す。

(15)　饮 酒／水
　　　yin jiu/ shui
　　　yin お酒／水
　　　(お酒／水を飲む)
(16) a. 饮 弹 身 亡　　　　b.　饮 冤
　　　yin dan shen wang　　　yin yuan
　　　yin 銃弾 身 死ぬ　　　yin 冤罪
　　　(銃弾に当たって死ぬ)　(冤罪をかぶる)

9.2.1.3　負荷動詞

　「担(dan)」は〈［肩に荷物などを］かける〉というのが基本義である。日本語の「担ぐ」と類似し、物を直接肩にかけるだけでなく、天秤棒などの道具を用いる場合もある。「担」は意味拡張し、〈［責任やリスクなどを］受ける〉という意味が生じている。

(17) 担 水
　　 dan shui
　　 dan 水
　　 （水の入った桶を担う）
(18) 担 风险
　　 dan fengxian
　　 dan リスク
　　 （リスクを負う）

「担」と類似の拡張は、負荷動詞の「负(fu)」「扛(kang)」「背(bei)」「挑(tiao)」「抱(bao)」、さらに複合動詞の「背负(beifu)」や「肩负(jiafu)」にもみられる。「抱(bao)」のほうは主に感情を表すのに使用される。

(19) a. 负 债　　　　　b. 负 伤　　　　　c. 负 疚
　　　 fu zhai　　　　　 fu shang　　　　　fu jiu
　　　 fu 債務　　　　　 fu けが　　　　　 fu やましさ
　　　 （債務を負う）　 （負傷する）　　 （気がとがめる）
(20) a. 背 债　　　　　b. 背 黑锅　　　　c. 背 包袱
　　　 bei zhai　　　　 bei heiguo　　　　bei baofu
　　　 bei 借金　　　　 bei 他人の罪　　　bei ふろしき
　　　 （借金を背負う）（他人の罪をかぶる）（負担を感じる）
(21) a. 抱 憾　　　　　b. 抱 怨
　　　 bao han　　　　　bao yuan
　　　 bao 残念　　　　 bao 恨み
　　　 （残念に思う）　 （不満をこぼす）
　　c. 抱 屈
　　　 bao qu
　　　 bao 悔しさ
　　　 （(不当な仕打ちを受けて)悔しく思う）

9.2.1.4　その他の動詞

その他の動詞では「招(zhao)」という動詞が〈不快な経験〉へ拡張を起こしている。「招」は、〈手を振って、[相手に] 来てもらう〉という意味から、〈[好ましくないことを] 引き起こす〉という意味に拡張している。また、中国語では品詞がはっきりしない場合もあるため、(22b)のように、後ろの「怨」を名詞としてとらえれば「招」は動詞であるが、「怨」を動詞として考えると「招」は受身標識の働きをしていることになる。

(22) a.　招 災　　　　　b.　招（人）怨
　　　　zhao zai　　　　　　　zhao ren yuan
　　　　zhao 災い　　　　　　 zhao 人 恨む(恨み)／責める(責め)
　　　　（災いを招く）　　　　 ((人に)恨まれる／責められる)

このように、中国語の着点動作主動詞は合計で 27 語あり、そのうち「喝 he」〈飲む〉、「嗅 xiu」〈嗅ぐ〉「学 xue」〈学ぶ〉の 3 つは意味拡張がないため、拡張している動詞は 24 語になる。そのうちの 13 語、つまり 54.2％が〈不快な経験〉へと拡張している。さらに、〈不快な経験〉への拡張がみられる動詞のうち「被 bei」「着 zhuo」「吃 chi」「見 jian」の 4 つが文法化し受身標識になっている。続いては韓国語における着点動作主動詞をみていく。

9.2.2　韓国語における着点動作主動詞

韓国語のデータ収集にあたって、『NAVER 韓国語辞書』の使用と共に韓国語母語話者 1 名（女性・30 代）に協力してもらい、調査を行った。

(23) I．着衣動詞：ipta、ssuta、twicipessuta、sinta[1]
　　 II．摂食動詞：mekta、masita、halthta、phiwuta、ppalta
　　 III．負荷動詞：cita、cilmecita、anta、phwumta、meyta、epta、kkita
　　 IV．知覚動詞：pota、mannata、mathta、tutta
　　 V．その他の動詞：sata、etta、cholayhata、pwuluta、patta、pillita、kkwuta

韓国語の着点動作主動詞に〈不快な経験〉という意味拡張の方向がみられるかどうかを調べるために、まず動詞類ごとに意味拡張の詳細をみていく。

9.2.2.1　着衣動詞

韓国語の着衣動詞には ipta、ssuta、twicipessuta、sinta という4つがある。そのうち、sinta は〈足に［靴または靴下を］つける〉という基本義しか持たず、意味拡張はみられない。sinta 以外の着衣動詞は全て意味拡張を起こしている。

まず、ipta は〈（上半身・下半身の区別なく）［衣服を］身につける〉という基本義[2]から〈［傷、打撃など心身的ダメージを］受ける〉という意味に拡張している。(24)は ipta の基本義の例であり、(25)は拡張義の例である。

(24) a.　yangpok-ul　ipta　　　b.　paci-lul　　ipta
　　　　洋服-ACC[3] ipta　　　　　 ズボン-ACC ipta
　　　　（洋服を着る）　　　　　　（ズボンを履く）

(25) a.　sonhay/ phihay-lul ipta　b.　cwungsang-ul ipta
　　　　損害／被害-ACC ipta　　　　 重傷-ACC　 ipta
　　　　（損害／被害をこうむる）　　（重傷を負う）

　　 c.　thakyek-ul　ipta
　　　　打撃-ACC　ipta
　　　　（打撃を受ける）

そして、ssuta は (26a)(26b) のように〈［帽子または眼鏡などを］つける〉、twicipessuta は (26c) のように〈［帽子などを］頭部につける〉が基本義である。

(26) a.　moca-lul　ssuta　　b.　kamyen-ul ssuta
　　　　帽子-ACC ssuta　　　　　仮面-ACC ssuta
　　　　（帽子をかぶる）　　　　（仮面をかぶる）

(27)　　thelmoca-lul　twicipessuta

毛の帽子-ACC twicipessuta
（毛の帽子をかぶる）

　ssuta と twicipessuta は (28) および (29) のように、共に〈[罪などを] 不本意に受ける〉という拡張義を持つ。

(28)　nwumyeng/ omyeng-ul ssuta
　　　冤罪／汚名-ACC　　ssuta
　　　（冤罪／汚名をかぶる）
(29)　coy-lul　 twicipessuta
　　　罪-ACC twicipessuta
　　　（罪をかぶる）

　これは主語が積極的に罪を引き受けるというより、主語にとっての不本意な行為で悔しい気持ちをいだくということを表す。

9.2.2.2　摂食動詞

　韓国語の摂食動詞は mekta、masita、halthta、phiwuta、ppalta の5つが挙げられる。そのうち、ppalta（〈[気体や液体を] 鼻か口を通して体内に摂取する〉）は意味拡張していない。halthta（〈[物の表面を] 舌の先で触れる〉）と phiwuta（〈(タバコを) 吸う〉）は意味拡張を起こしているが、本研究で議論している〈不快な経験〉への拡張はみられない。残る mekta と masita のみに〈不快な経験〉への拡張がみられる。

　mekta は (29a) および (30b) のように、対象物の固体、液体の区別をせずに、〈飲食する〉というのが基本義である。一方、masita は (31) のように、対象物を液体に限定し、〈[液体を] 口に入れ、噛まずに喉を通してさらに体内に送り込む〉というのが基本義である。

(30) a.　pap-ul　　　mekta　　b.　wu.yu-lul　　mekta

ご飯-ACC mekta　　　牛乳-ACC mekta
（ご飯を食べる）　　（牛乳を飲む）

(31) cha-lul　masita
　　　茶-ACC masita
　　　（お茶を飲む）

また mekta は意味拡張して、(32)、(33) のように、〈[拳骨や悪口などの攻撃、または心配、苦労など心身的に望ましくないことを] を受ける〉という拡張義を持つ。

(32) a.　yok(-ul)　　　mekta　　　b.　phincan(-ul) mekta
　　　　　悪口（-ACC）mekta　　　　　　面責（-ACC）mekta
　　　　　（悪口を言われる）　　　　　　（面と向かって怒られる）

　　　c.　ilpal-ul　　mekta
　　　　　一発-ACC mekta
　　　　　（一発を食う）

(33) a.　kolthang(-ul)　　　mekta　　b.　ay(-lul)　　　mekta
　　　　　思わぬ痛手(-ACC)mekta　　　　　苦労(-ACC)mekta
　　　　　（ひどい目にあう）　　　　　　　（苦労する）

masita も kopay〈苦杯〉や tokpay〈毒杯〉などと共起し、〈[望ましくない出来事を] 経験する〉という意味へ拡張している。(34) がその例である。

(34)　naksen-uy　kopay-lul　masita
　　　落選-GEN　苦杯-ACC　masita
　　　（落選の憂き目を見る）

9.2.2.3　負荷動詞

韓国語の負荷動詞は、cita、cilmecita、anta、phwumta、meyta、epta、

kkita の 7 つがある。そのうち、kkita (〈[物を] 腕で囲むようにして胸で支えたり、脇の下に挟んだりして持つ〉) は意味拡張を起こしていない。epta (〈背中に [人や物の重み] を受ける〉) は意味拡張をしているが、〈不快な経験〉への拡張はみられない。残りの 5 つの動詞にはすべて〈不快な経験〉という意味への拡張が観察される。

　cita と cilmecita の基本義は日本語の「背負う」または「担ぐ」に相当し、(35) のように〈背中または肩で [物の重みを] 受ける〉という意味である。cita と cilmecita は共に、〈[責任、義務、または借金などを] 引き受ける〉という拡張義がある。(36) は cita の、(37) は cilmecita の拡張義の例である。

(35) 　lyuksayk-ul　　　　　cilmecita/ cita
　　　リュックサック-ACC　cilmecita/ cita
　　　(リュックサックを背負う)

(36) a. 　chaymwu-lul cita　　　b. 　pic-ul　　　cita
　　　　債務-ACC　cita　　　　　　借金-ACC　cita
　　　　(債務を負う)　　　　　　　(借金を背負う)

(37) a. 　pic-ul　　　cilmecita　　b. 　pwulhayng-ul cilmecita
　　　　借金-ACC　cilmecita　　　　不幸-ACC　　cilmecita
　　　　(借金を背負う)　　　　　　　(不幸を背負う)

　負荷動詞の中で、(38) から (41) が示しているように、〈直接肩に、または天秤棒などの道具を使って肩で [荷物などを] 支え持つ〉という基本義を持つ meyta にも、〈両腕を前に回して [人や物を] 胸のところに寄せる〉という基本義を持つ anta にも同じ拡張義がみられる。

(38) 　cim-ul　　meyta
　　　荷物-ACC meyta
　　　(荷物を担ぐ)

(39) 　han cipan-uy sayngkyey-lul yangekkay-ey　　meyta

一つの家族-GEN 生計-ACC 両肩-LOC meyta
　　（一家の生計を双肩に担う）
（40）　emeni-ka　ayki-lul　　　anta
　　　母-NOM 赤ん坊-ACC anta
　　（母が子供を抱く）
（41）　nam-uy　　pic-ul　　　anta
　　　他人-GEN 負債-ACC anta
　　（他人の負債を背負う）

　同じく〈両腕を前に回して［人や物を］胸のところに寄せる〉を基本義に持つphwumtaは〈［考えや気持ちを］心の中に持つ〉へと意味拡張している。この拡張義で使われる時、日本語の「抱く（いだく）」と類似して、目的語には(44)のような主語にとってポジティブなものも観察されることがある。目的語の詳細をみるために、NAVER韓国語辞書に挙げられている使用例の上位100例を集め、分析を行った。統計の結果、目的語の棲み分けは、主語にとってポジティブなものは17例で、ネガティブなものは81例、中立なものは2例、ということが分かった。つまり、phwumtaは81％という割合で主語にとって良くない気持ち・考えを表す目的語と共起しているのである。

（42）　saluy/ cekuy/ akuy/ cungo-lul　　phwumta
　　　殺意／敵意／悪意／憎しみ-ACC phwumta
　　（殺意／敵意／悪意／憎しみを抱く）
（43）　wen/ kamceng/ hyemokam/ noyewum/ uyhok/ sasim/ sasim/ hwansang-ul phwumta
　　　恨み／不満／嫌悪感／怒り／疑惑／私心／邪心／幻想-ACC phwumta
　　（恨み／不満／嫌悪感／怒り／疑惑／私心／邪心／幻想を抱く）
（44）　huymang/ tongkyeng/ chinkunkam-ul phwumta

希望／あこがれ／親近感-ACC　　phwumta
（希望／あこがれ／親近感を抱く）

9.2.2.4　知覚動詞

　知覚動詞には pota、mannata、mathta、tutta の 4 つがあるが、〈不快な経験〉への意味拡張がみられるのは視覚及び視覚と関連する pota、mannata のみである。嗅覚の mathta と聴覚の tutta は意味拡張をしているが、〈不快な経験〉への拡張はみられない。

　pota の基本義は〈［事物を］視界に入れて認知する／［自ずと視界に入ってくる物事を］認知する〉である。つまり日本語の「見る」と類似し、動作主が意図的な場合と非意図的な場合の両方で使用可能である。pota には(45)のように、〈[望ましくないことを]経験する〉という拡張義がある。

(45) a.　sonhay-lul　pota　　　b.　yok-ul　　pota
　　　　損害-ACC　pota　　　　　　恥辱-ACC　pota
　　　　（損害を受ける）　　　　　　（ひどく苦労する／恥をかく）

　さらに、(46)のように、mas-ul pota〈味をみる〉という組み合わせ、または maspota〈味見する〉という複合動詞の形で、〈ひどい目にあう〉という意味が生じている。

(46) a.　onkac sinsan-ul　　　maspota　　b.　kothong-ul　　maspota
　　　　あらゆる辛酸-ACC　maspota　　　　　苦しみ-ACC　maspota
　　　　（あらゆる辛酸をなめる）　　　　　　　（苦しみを味わう）
　　c.　phaypay-lul maspota
　　　　敗北-ACC　maspota
　　　　（敗北を喫する）

　視覚と関連する mannata は〈お互いに対面して[相手を]認識する〉と

いう意味である。mannata は他動詞であり、pota と類似して (47a) の意図的な場合と (47b) のような非意図の場合の両方で使うことができる。

(47) a.　chinkwu-lul mannata　　　b.　wuyenhi mannata
　　　　 友達-ACC　mannata　　　　　　偶然に　mannata
　　　　（友達に会う）　　　　　　　　（偶然に会う）

　mannata には (48) のように、〈[好ましくない出来事を] 経験する〉という意味が生じている。ただ、現代韓国語において、mannata は拡張義での使用は稀で、主に基本義で使用される。

(48)　caynan/ hyungcak/ caynan/ pwulhwang-ul mannata
　　　 災い／凶作／災難／不況-ACC　　　　　 mannata
　　　（災い／凶作／災難／不況にあう）

9.2.2.5　その他の動詞

　摂食動詞、着衣動詞、負荷動詞、知覚動詞のほかに、sata、pwuluta、cholayhata という 3 つの着点動作主動詞も〈不快な経験〉へ拡張している。
　sata は〈お金を払い、[商品（品物や使用権など）を] 自分のものにする〉という意味から〈何らかの行動で、結果として [よくない評判や反応を] 引き起こす〉へと意味拡張している。(49) は基本義の例であり、(50) は拡張義の例である。

(49)　chaphyo-lul　　sata
　　　 乗車券-ACC　sata
　　　（乗車券を買う）
(50)　kamceng/ miwum/ uysim/ pinchwuk/ pankam/ pwulsin-ul sata
　　　 恨み／憎しみ／疑い／顰蹙／反感／不信-ACC　　　　　 sata
　　　（恨み／憎しみ／疑い／顰蹙／反感／不信を買う）

pwuluta は (51) のように、元は〈(言葉・合図で)[人に] 自分のところに来てもらう〉という意味で、日本語の「呼ぶ」と「招く」の2つの動詞の意味を合わせて持つ。pwuluta には (52) のように〈何らかの行動で結果として [好ましくない事態を] 引き起こす〉という拡張義もある。

(51) a. poi-lul　　　 pwuluta　　 b. sonnim-ul pwuluta
　　　 ボーイ-ACC pwuluta　　　　　お客-ACC pwuluta
　　　 (ボーイを呼ぶ)　　　　　　　 (客を招く)
(52) a. ohay-lul　　　pwuluta　　 b. nampel-i　swuhay-lul pwuluta
　　　 誤解-ACC pwuluta　　　　　　 濫伐-NOM 水害-ACC pwuluta
　　　 (誤解を招く)　　　　　　　　 (濫伐が水害を招く)

pwuluta と類似の意味を表す漢字語 cholayhata〈招来する〉にも似た意味拡張の傾向がみられる。

(53) kyellyel/ piphan/ uyhok/ pwulhayng/ sonsil/ cicang/ pwulhayng/ phasan-ul
　　 cholayhata
　　 決裂／批判／疑惑／不幸／損失／支障／不幸／破産-ACC
　　 cholayhata
　　 (決裂／批判／疑惑／不幸／損失／支障／不幸／破産を招く)

また、着点動作主動詞の patta と tanghata は受身を表す接尾辞へと文法化している。これは後節で詳しく議論する。

このように、韓国語において着点動作主動詞は合計で27語があり、そのうち、sinta, ppalta, kkita と kkwuta の4つの動詞は意味拡張を起こしていない。意味拡張している動詞は23語で、そのうちの16語、つまり69.6%という割合で韓国語の着点動作主動詞が〈不快な経験〉という意味へ拡張している。

一方、日本語においては、第4章において論じたように、合計で34語、

うち意味拡張がない「はく」「まとう」「はおる」「食する」「嗅ぐ」「抱く（だく）」「担ぐ」の7つの動詞を除き、意味拡張している動詞は27語である。そのうちの17語、つまり、63.0%という割合で、意味拡張の際に〈不快な経験〉への拡張がみられる。

　中国語、韓国語及び日本語はそれぞれ54.2%、69.6%、63.0%というかなり高い割合で、着点動作主動詞が〈不快な経験〉へ拡張する傾向が観察された。今回調査した言語のデータから、着点動作主動詞が〈不快な経験〉へ拡張する傾向は日本語独特の現象ではなく、中国語及び韓国語においても観察されることを確認した。

9.2.3　英語における着点動作主動詞

　(54)は英語における着点動作主動詞である。英語のデータの収集にあたり、『ランダムハウス英和大辞典』という辞書を使用すると共に英語母語話者（男性・アメリカ人・30代）に調査を行った。

(54) I．着衣動詞：無し[4]
　　II．摂食動詞：swallow、eat、drink、lick、lap、breathe、inhale、suck、sip
　　III．負荷動詞：shoulder、bear、embrace、hug
　　IV．知覚動詞：see、look、smell、sniff、hear、listen、meet
　　V．その他の動詞：beckon、invite、call、borrow

　英語の着点動作主動詞において、摂食動詞のswallow、負荷動詞のshoulderとbear、視覚動詞のmeet、さらにinviteという5つの動詞に〈不快な経験〉という拡張義がみられる。

　摂食動詞のswallowは〈[食べ物・飲み物・錠剤などを]噛まずにそのまま喉の奥に送り込む〉という意味から、(55)と(56)のように〈[侮辱・無礼などを]やむを得ず承服する〉という拡張義が生じている。

(55) a.　*Swallow* it *down* and have another.

(それをぐっと飲み干してもう一杯やれ)[5]

b. She *swallowed* the dry bread with difficulty.
(ジャムもバターもつけてないパンをやっとのことで飲み込んだ)

(56) a. *swallow* an insult.（侮辱に耐える）

b. Consumers will have to *swallow* new price hikes.
(消費者は新たな物価の引き上げを受け入れざるを得ないだろう)

負荷動詞においては shoulder と bear の2つに〈不快な経験〉への拡張がみられる。(57)は shoulder の、(58)は bear の拡張義の例である。

(57) a. shoulder the expense（費用を肩代わりする）

b. shoulder the blame（責めを負う）

(58) a. bear punishment/ the blame（罰／非難を受ける）

b. bear responsibility（責任を負う）

英語の知覚や知覚関連動詞において〈不快な経験〉がみられるのは meet だけである。meet は (59) のような、意図して会う場合と (60) ような意図せずばったり会う場合の両方に使える。(60b) に示すとおり、意図しない場合は see との交替も可能である。

(59) I've always wanted to *meet* you and say something...just to say I'm sorry, but...but.（BNC-CH5）
(ずっと、あなたに会ってごめんねって言いたかった。でも…でも)

(60) a. I happened to *meet* Paul in town today.

b. I *saw* Paul in town today.
(きょう町で偶然ポールに会った)

meet には (61) のような〈[災害など望ましくないことを] 経験する〉という拡張義があり、この意味で使われる際、(61c) のように meet with という

形で使用されることもある。

(61) a. meet {disaster/ hostility/ open scorn}
      （災厄にあう／敵意を持たれる／あからさまに軽蔑される）
   b. meet {one's death/ fate/ end}（(婉曲的)死ぬ）
   c. meet with {difficulties/ an accident}（困難／事故にあう）

　meet に意味的に近い encounter は動作主の働きがないため着点動作主動詞としては数えていないが、この動詞も、(62)のような〈(思いがけなく)出会う〉という基本義から、〈[危険や困難などに] 遭遇する〉という意味へ拡張を起こしている。

(62) a. *encounter* an old friend by chance.（旧友にばったり会う）
(63) a. *encounter* problems in our work.（仕事で難問に行き当たる）
   b. *encounte* trouble upon trouble.（次から次へと困難と出合った）

　さらに、invite は〈[相手に] 自分の所に来てもらう〉という基本義(64)から、〈何かの行動で、結果として [好ましくない事態を] 引き起こす〉という意味(65)へ拡張している。

(64)　invite friends to dinner.（友人たちをディナーに招待する）
(65) a. invite war（戦争を招く）
   b. Careless driving *invites* danger/ accidents.
      （不注意運転は危険／事故を招く）
   c. He *invited* criticism by writing for the magazine.
      （彼はその雑誌に執筆したことで批判を招いた）

　以上のように、英語の着点動作主動詞においては、24語のうち拡張無しの inhale を除き、意味拡張がみられるのは23語である。そのうち摂食動詞

の swallow、負荷動詞の shoulder と bear、視覚関連動詞の meet、さらに invite という5つの動詞に、〈不快な経験〉という拡張義がみられる。よって、21.7%という割合で〈不快な経験〉へ拡張している。英語動詞全体の意味拡張と比較しないと英語着点動作主動詞特有の拡張傾向であるかどうかは断言できないが、日本語や韓国語と比べるとかなり低い数字になっている。

9.2.4 その他の言語のデータ

次にロシア語、インドネシア語からのデータを提示する。インドネシア語のデータはインドネシア語母語話者1名(女性・30代)、ロシア語はロシア語話者1名(女性・30代)に対する言語調査による。

9.2.4.1 インドネシア語

インドネシア語の telan は、〈[飲食物を] を飲み込む〉という基本義から、〈[望ましくないことを] 経験する〉へと意味拡張している。telan が語幹で、接辞なしでは基本的に使用できない。接頭辞をつけると、語幹の頭文字が変化する場合があり、telan の頭文字 t が n に変わる。

(66) me[6]-nelan　kepedihan/ kesedihan/ kekalahan/ kegagalan
　　　PREF-telan　苦しみ／悲しみ／敗北／失敗
　　　(苦しみ／悲しみ／敗北／失敗を経験する)

インドネシア語に日本語の「あう」と類似する動詞には temu がある。temu も〈[望ましくない事] に接する〉という拡張義を持つ。

(67) me-nemu-i[7]　　masalah/ kegagalan
　　　PREF-nemu-SUF　トラブル／失敗
　　　(トラブル／失敗にあう)

また undang という動詞もあり、これは日本の「招く」と類似の意味拡張

がみられる。

(68)　meng-undang　kebencian/ bencana/ amarah
　　　PREF-undang 憎しみ／災害／怒り
　　　（憎しみ／災害／怒りを招く）

9.2.4.2　ロシア語

　ロシア語では摂食動詞として、ispit'、hlebnut'、otvedat'、vkusit' という 4 つの動詞が挙げられる。ispit' の対象は液体で、つまり〈［液体の物を］を口に入れ、噛まずにさらに体内に送り込む〉という意味で、hlebnut' は〈一口またはちょっとだけ飲む〉という意味である。2 つの動詞とも対象物が液体に限定されている。ただし、ロシア語ではスープは DRINK 系動詞ではなく、EAT 系動詞と共起する。

(69) a.　ispit' vina　　　　　b.　hlebnut' vody
　　　　ispit' ワイン　　　　　　　 hlebnut' お水
　　　　（ワインを飲む）　　　　　（水をちょびっと飲む）

一方、otvedat' と vkusit' は〈味見する〉というのが基本義である。

(70) a.　otvedat' blyudo　　　b.　vkusit' frukt
　　　　otvedat' 料理　　　　　　 vkusit' 果物
　　　　（料理を味見する）　　　　（果物を味見する）

この 4 つの動詞にも〈［望ましくないことを］経験する〉という拡張義がある。

(71) a.　ispit' pechal'/ stradaniya
　　　　ispit' 悲しみ／悲惨なこと
　　　　（(たくさんの)悲しみ／みじめなことを経験する）

b. hlebnut' gorya
hlebnut' 悲しみ／不幸
（（一回にたくさんの）悲しみ／不幸を経験する）

(72) a. otvedat' gorya　　　　b. vkusit' pechali
otvedat' 深い悲しみ　　　　vkusit' 悲しみ
（深い悲しみを味わう）　　（悲しみを味わう）

またロシア語において、日本語の「見る」に類似する動詞 povidat' は〈［事物を］視界に入れて認知する〉という意味を持つと同時に、〈［望ましくないことを］経験する〉という拡張義もある。

(73) povidat' gorya
povidat' たくさんの不幸
（多くの不幸に見舞われる）

9.2.5　諸言語の比較

　全体的にみると、日本語には 63.0%（17/27）、韓国語には 69.6%（16/23）、中国語には 54.2%（13/24）、英語には 21.7%（5/23）という割合で、着点動作主動詞が〈不快な経験〉へ拡張している。言語によってばらつきがみられ、また各言語において着点動作主動詞以外の動詞の意味拡張を考察せずには、着点動作主動詞特有の拡張傾向であるかどうか判断できないが、現時点のデータから、着点動作主動詞が〈不快な経験〉へ拡張するという方向性は日本語独特の現象ではないということが予想できる。ここでは、諸言語の異同をもう少し詳しくみていく。
　まず着衣動詞について、この種の動詞は日本語、韓国語、中国語においてみられ、英語には着衣専用かつ動作主が動作の着点になる動詞がないためこの拡張がない。着衣専用の着点動作主動詞を持つ日本語、韓国語、中国語の3言語においては、主要な着衣動詞は適用する身体部位という観点からそれぞれ使用の違いがみられる。日本語は第3章で述べたように、「かぶる」が

頭部、「着る」は肩からの上半身（上下一セットまたは上下一体の衣類だと下半身も含む）、腰からの下半身は「はく」というよう使い分けられている。一方、韓国語は、ssuta, twicipessuta が頭部、ipta は肩から足首まで、sinta はくるぶし以下の部分に使用する。一方、中国語では、頭部「戴」と頭部以外「穿」という区別しかない。図4は各言語の使い分けを表している。

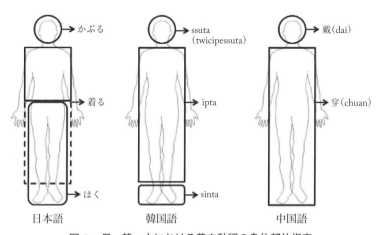

図4．日・韓・中における着衣動詞の身体部位指定

〈不快な経験〉へ拡張するのは、3言語で共通して〈胴体（を含む身体）に衣服を身につける〉という意味を表す動詞（日本語の「着る」、韓国語のipta、中国語の「着」）と〈頭部に［帽子などを］つける〉という意味を表す動詞（日本語の「かぶる」、韓国語の ssuta または twicipessuta、中国語の「戴」）に限られている。〈［足または下半身だけに］衣類をつける〉動詞（日本語の「はく」、韓国語の「sinta」）は意味拡張しない傾向がある。

さらに細かくみていくと、〈［傷、災害など好ましくないことを］身に受ける〉という拡張義は、日本語では「こうむる」から派生したのに対して、韓国語では〈（上半身・下半身の区別なく）［衣服を］身につける〉の ipda から派生している。一方、日本語の「着る」にみられる〈［罪などを］自分の身に受ける〉という拡張義は、中国語では、〈頭部に［帽子など］をつける〉

という意味の「戴」、韓国語では ssuta、または twicipessuta によって表している。

　摂食動詞に関しては4言語ともに〈不快な経験〉への拡張がみられる。ただし、日本語では「食う」と「食らう」は〈[攻撃や打撃を]受ける〉へ、「なめる」は〈[精神的に望ましくないことを]受ける〉という意味へと拡張しているが、韓国語では、対象物の固体、液体の区別をせずに〈飲食する〉という意味の mekta、中国語では「吃」が〈[拳骨や悪口などの攻撃、または心配、苦労など心身的に望ましくないことを]受ける〉という意味を持ち、両方を表すことができる。

　負荷動詞も4言語ともに〈不快な経験〉への意味拡張がみられる。さらに共通してみられることとして、対象物が接する身体部位が「背中」や「肩」である動詞は、〈[負担など]を受ける〉という意味へ拡張するということである。例えば、日本語の「負う」「背負う」、韓国語の cita と cilmecita、中国語の「担」や「背」、英語の shoulder などがそれである。一方、対象物の接する身体部位が「胸」である動詞は、〈[負な考えや感情を]心の中で持つ〉という意味へ拡張することが多い。日本語の「いだく」、韓国語の phwumta、中国語の「抱」などがそれである。

　また知覚動詞において、4言語とも、視覚また視覚と関連のある動詞だけが〈不快な経験〉へ意味拡張している。これは、知覚における視覚の優位性の普遍性を反映しているのではないかと考えられる。

　以上より、本節では他言語のデータを通して、着点動作主動詞にみられる〈自分の領域へのモノの移動〉から〈不快な経験〉へという意味拡張の方向性は日本語独特の現象ではないということを明らかにした。さらに、言語比較から類似の傾向はみられるものの、相違点も存在していることが明らかになった。

9.3　まとめ

　本章では、着点動作主動詞にみられる拡張の方向が普遍性を持つかどうか

を検証するために、韓国語、中国語、英語などの言語に対して調査を行った。韓国語には69.6％（16/23）、中国語には54.2％（13/24）、英語には21.7％（5/23）という割合で当該の拡張の方向性を確認した。ここから、着点動作主動詞が〈不快な経験〉へ拡張するという方向性は日本語独特の現象ではないということが予想できる。また、各言語における着点動作主動詞の意味拡張の具体的な異同も考察した。

注

1　ハングルのローマ字化はYale systemに従う。
2　ただし、靴や靴下などの履物を身につける場合はsintaを使用する。
3　略語はACC = accusative、NOM = nominative、GEN = genitive、LOC = loctiveである。
4　着衣を表す動詞としてwear、dress、clotheが挙げられるが、wearは使役移動動詞ではなく、状態動詞であり、dressとclotheは着点が動作主とは限らず他者になる場合もあるため、着点動作主動詞ではない。
5　出典の表示のない例文は主に『ランダムハウス英和大辞典』による。
6　この接辞は、動作または対象ではなく、動作主に焦点を置くということを表す。
7　-i接尾辞は、共起する目的語が直接当該動詞の影響を受けないという意味を表す。

第 10 章　着点動作主動詞と受身

　着点動作主動詞が受身文との並行性を示すことが観察される。中国語をはじめ、着点動作主動詞の一部が〈不快な経験〉へという意味拡張にとどまらず、さらに受身標識または受身を表す接尾辞へと文法化するという現象がみられる。本章において、主に中国語の受身標識に焦点を当て、着点動作主動詞から受身標識へという意味変化の方向性およびその動機付けを明らかにする。

10.1　日本語

　仁田(1982)また村木(1983)は、日本語における動詞の語彙的特性とヴォイスの類似性を探っている。
　村木(1983)は「受ける」「浴びる」「得る」「招く」「呼ぶ」「食う」「食らう」「買う」「こうむる」について、(1)や(2)などのようなペアを挙げ、「食う」や「買う」などは形式上、働き掛けの構造(=他動文)をとっているが、意味的には受身に近く、これらの表現を「迂言的なうけみ表現」と呼んでいる。

(1) a.　帰国の飛行機代を払わず、そのため二、三百人の学生が、ニューヨークで足止めをくうという事件があった。　　　(世界、1979.11.)
　　b.　東京—博多間の全線で計八十三本の列車が止まり、約十万人が車内に足止めされた。　　　　　　　　　　　　(M.1980.4.7. 朝)
(2) a.　江川と交換となった小林繁投手は「プロの世界だから阪神でどれだ

けやるかで価値が決まると思う。世間の同情はかいたくない」と
語った。　　　　　　　　　　　　　　　　　（M.1979.2.1. 朝）
　b. 事柄が事柄だから仕方がないのよ。どうしても私の方が同情され
て、あなたが批難されるの。　　　　　（佐多稲子：『くれない』）
（村木 1983: 17–18）

　そして、「この種のうけみ表現をつくる動詞はいずれも、予想される主格の名詞に対して求心的なうごきをあらわすものである」、「いずれも、なんらかの動作客体が主体に向かって移動する、という共通した特徴がみとめられる」と述べている。
　また堀江・パルデシ(2009)においても、「平手を食らう」や「ネタバレを食らう」の場合、主語に相当するものが動作の被動作主であり、目的語名詞句で表現される「被害」を被り、これらを「語彙的な受動表現」としている。
　語彙的な受動表現をつくる動詞のうち、「受ける」がもっとも生産的であるとされている(村木 1983)。統語的に受身の形をとらないが、受身あるいは受身的な意味を表す「受ける」については、岸本(2010)において詳細な議論がなされている。
　第3章においてすでに触れたが、「受ける」には(3)のように、2つの語彙概念構造があるとし、「受ける」という行為を積極的に行うという〈行為〉の意味と、積極的な行動は行わないものの、何かが主語のところに入ってくるという〈移動〉の意味があるとしている。

（3）a.　[x ACT ON y] CAUSE [BECOME [y BE-AT x]]
　　 b.　[x BECOME [[y BE-AT x] and [y BE-NOT-AT z]]

（岸本 2010: 205、再掲）

aはxのyへの働きかけによって何らかの変化を生じ、xがyのところに存在するようになる。ここでは主語が行為者かつ着点である。bのほうは移動

の結果、y が x のところに存在するようになる。x（主語）は単なる着点を表している。(4) と (5) における「受ける」は〈行為〉の意味で、(6) および (7) は〈移動〉の意味であるとされる。

(4) あの子が｛手術／期末テスト／授業｝を受けた。
(5) あの選手は片手でボールを上手に受けた。
(6) 私はあの団体から｛奨学金／感謝状｝を受けた。
(7) あの選手はピッチャーから背中にデッドボールを（三回も）受けた。
(岸本 2010: 204)

　岸本 (2010) では、「受ける」が b の意味、つまり「主語が着点である」の場合、「受ける」が受身の意味を表すことができるようになると述べられている。本研究でもこれに賛同する。ただ、意図的行為を表す着点動作主動詞でも、「意図性の消失」というプロセスを経て、受身を表すようになる場合もあると考える。

10.2　中国語における着点動作主動詞から受身標識への文法化

　中国語において、着点動作主動詞から、受身標識へと文法化した動詞由来受身標識は「見」「被」「吃」「着」の 4 つである。ここで受身標識というのは、受身文において動詞の直前に位置し、主動詞を導入する助動詞（(8a) の「見」など）、また名詞の前にきて動作主（施事）を導入する動作主マーカー（(8a) の「于 (yu)」など）、またどちらの機能も持つもの（(8b) の「被」など）を合わせて指す意味で使う。

(8) a.　見　笑　于　大方之家　　b.　李四　被　（張三）　打　了。
　　　　見　笑う　于　専門家　　　　　李四　被　（張三）　殴る　完了
　　　　（専門家に笑われる）　　　　　（李四が（張三に）殴られた）

これらの受身標識は個別に扱う研究が多く、全体的観点から分析したものは、「遭遇動詞」という括り方をした石毓智(2006)や「取得義動詞」の徐丹(2005)など、ごく少数にとどまる。

　石毓智(2006)においては、「被」「見」「吃」「着」の4つはすべて本動詞の意味にある〈遭遇〉という意味から受身標識へと文法化したと述べている。「遭遇動詞」における「遭遇」のはっきりした定義はみられないが、主に〈思いかげなく、不利なことが起こったり、望ましくない状況に出会ったりする〉という意味で使用されている。中国語では、「遭遇」や「遭受」といった言葉自体も不快な経験に限って使われる。

　徐丹(2005)では、「被」「見」「吃」を挙げ、今まで言われてきた「遭遇類動詞」は実は〈取得〉義の動詞であるとし、中国語において〈取得〉という意味を持つ動詞の多くは受身標識に発展したと指摘している。〈取得〉を表す動詞から受身標識への文法化は各動詞の元の意味(〈強いられて取得する〉)によると徐丹は述べている。しかしながら、なぜ〈取得〉には〈強いられて〉という制限があるのかについては説明されていない。

　このように、なぜこれらの着点動作主動詞が受身標識になったのかという動機付け、またどのような文法化のプロセスを経て受身標識に至ったのか、など未解決の問題が多い。

　本研究では、着点動作主動詞の基本義にある〈求心性〉と〈受影性〉が、これらの動詞が受身の意味へ変化し、または受身標識へと文法化する動機付けとなると考える。

　第3章において議論したように、着点動作主動詞は他動詞でありながら、動作主は動作の起点、被動作主は終結点とする他動詞の典型(Lakoff 1977)から逸脱し、対象物が動作主自身(またはその領域)に入ってくるという〈求心性〉がみられる。力の伝達でも、「動作主→(道具)→被動作主」(cf. Langacker 1990)という流れではなく、「動作主→(道具)→被動作主→動作主」というようになっている。そのため、動作の影響を受けるのは被動作主だけではなく、動作主自身も影響を受けることになる。

　〈求心性〉と〈受影性〉は受身文においても重要な意味的性質となる。

まず、能動文と比較しながら受動文の性質を述べると、多くの能動文には、主語にとっての〈遠心性〉が、それに対応する受動文には〈求心性〉、つまり動作が主語に向くという性質があると言える(村木 1983)。

さらに、受身文において主語に位置する被動作主に「受影性(affectedness)」が観察される。Shibatani(1985)では、受動構文のプロトタイプのうち、意味の側面に関しては、subject is affected という点が挙げられている。これは中国語の受動文でより顕著にみられる。

(9a)が成立するのに対して、(9b)は容認できないか容認度がかなり低くなることから分かるように、主語が単に動作行為を受けるだけではなく、動作行為の結果として主語が何らかの状態変化を被ることを明示する表現を述語部分に要求することが指摘されている(木村 1981, 1992, 2003, 2008, 杉村 1982, 王还 1983)。

(9) a. 门被他踢坏了。(ドアが彼に蹴られて壊れた。)
　　b. ?门被他踢了。(ドアが彼に蹴られた。)

木村(1992)は、「影響含意型」の動詞、つまり、動詞自身が語彙的な意味として結果の事態を内包し、動作・行為の完了を示すことで結果としての対象への物理的ないし心理的な影響の波及を強く含意し得る動詞は、VR 構造を要求しない。ただし、「影響含意型」の動詞でも裸の動詞では成立し難く、完了の「了」をつけて既然形をとる必要があると指摘されている。また、「等〈待つ〉」「看〈見る〉」「找〈探す〉」などは、結果としての対象への必然的な影響は動詞自身の意味から読み取ることができないため、非「影響含意型」の動詞になり、受身文への適性が劣っていく[1]。つまり、中国語では結果性が強く、対象への影響が明示的なものほど受身文への適性が高まるということである。この〈影響〉の受け手としての主語は、単に「受動者」というより、「受影者」と呼ぶのに相応しいと述べられている。これは木村(2003)においてこの種の構文を「受影文」と呼ぶ理由である。

本研究は〈求心性〉と〈受影性〉を踏まえ、着点動作主動詞から受身標識

へという文法化のプロセスを以下のように考える。

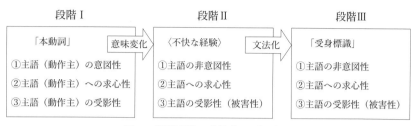

図1. 意味変化・文法化のプロセス

　段階Ⅰにおける「意図性」について、これらの動詞の多くは他動詞であるため、基本的に意図性を備えている。前節で述べたように、これらの動詞はまず〈不快な経験〉という意味へ変化する。徐丹（2005）も指摘するように「遭遇類動詞」「遭受類動詞」といった名称は適切ではない。本研究では〈不快な経験〉といった被害性の意味は、これらの動詞の基本義ではなく、意味拡張により初めて生まれた意味であると考える。〈遭遇〉という意味は動詞から受身標識へという文法化の中間段階に位置付けられよう。このプロセスから、なぜこれまで多くの先行研究においてこれらの動詞が遭遇類動詞と言われるのかを説明することができる。

　着点動作主動詞が〈不快な経験〉という拡張義で使用される際、多くは意図性がみられず、つまり段階Ⅰにおいて意図性のある動詞が意味変化により意図性が薄まったということである。受動構文においても、主語の意志と関係なく動作を受けるということが挙げられ、「意図性の消失」はこれらの動詞が受身標識になるための前提条件だと考えられる。〈不快な経験〉という意味を持つ着点動作主動詞のうち、「见」「被」「吃」「着」の4つはさらに文法化が進み、受身標識になったと考えられる。

　また、多くの先行研究において論じてきた、中国語の受身は不利益または被害性（adversity）が生じる場合に使用されることが多い（王 1957, 1958, Li and Thompson 1981 など）ということも自ずと解釈がなせる[2]。

　図1に挙げた文法化のプロセスを裏付ける証拠として、2つの現象が挙げ

られる。まず、通時的にこれらの動詞に意味変化のプロセスが実際に観察される。

「被」は以下の文のように、東漢まで動詞として〈[不利益なことを]受ける〉という意味で使用されていた。

(10) 身被数十创（《史记・魏其武安候列传》）
(11) 竟被恶言（《史记・魏其武安候列传》）
(12) 然至被刑戮（《史记・季布樂布列传》）

(太田 1958: 244)

同じことは「着」や「吃」にもみられる。前節において触れたが、「吃」（または「喫」「乞」）には〈[棒などによる殴打を]受ける〉という拡張義がある（江蓝生 1989））。(13)と(14)はその意味での使用例である。

(13) 解事速说情由，不说眼看吃杖。（《敦煌变文集・庐山远公话》
(14) 火急离我门前，少时终须喫捆。（《敦煌变文集・燕子赋》）

(江蓝生 1989: 372)

「被」の動詞的用法は東漢までであったが、「吃」の〈[外部の棒などによる殴打を]受ける〉という意味は(15)のように現代中国語にもみられる。

(15) a. 吃　板子　　b. 吃　拳　　　c. 吃　耳光
　　　 吃　板(責め道具)　吃　こぶし　　吃　ビンタ
　　　（せっかんされる）（パンチをくう）（ビンタを張られる）(再掲)

「着(著)」も〈付着する〉という意味から、〈[衣服を]身につける〉という意味への拡張がみられる。(16)の「帽〈帽子〉」、(17)の「袄子〈(中国式)裏付きの上着〉」、(18)の「鞋〈靴〉」などのように身体部位の区別なしに使用されていた。

(16) 着帽披裘，挈壶呼友，倚空临水。(《全宋词》)
(17) 其妻独孤氏亦出女队二千人，皆着红紫锦绣袄子。(《大唐传载》)
(18) 唐仪凤中，中书舍人欧阳通起复判馆，每人朝，必徒跣至城门，然后着鞋。(《独异志》)

また「着」は唐宋の文献において、(19)の「箭〈矢〉や(20)の「枪〈槍〉などの目的語をとり、〈[攻撃を]受ける〉という意味で使用される文がみられる[3]。

(19) 陵副使韩延〔年〕着箭洛(落)马身亡。(《敦煌变文》)
(20) 体着三枪四枪者，车上载行；一枪两枪者，重重更战。(《敦煌变文》)

またもう1つ証拠がある。中国語において、動詞由来受身標識は着点動作主動詞由来のもの以外に、「让(rang)」「给(gei)」など〈遠心性〉を持つ動詞からできた受身標識もある。これらの受身標識は、終始受身文の動作主(施事)を導くマーカー(介詞)として機能する。(21a)において、「让」は「殴る」動作を行う動作主「他〈彼〉」を導入している。一方、〈求心性〉を持つ着点動作主動詞からきた受身標識は、歴史的にみて、初期は動詞に前接し、動詞を導入するという助動詞の働きであり、動作主マーカーの機能はその後に獲得した。「被」は戦国末期から受身の機能を持つが、動作主マーカーの機能は漢末になってから獲得した。「見」も春秋戦国時代から漢まで受身標識として使われていたが、その間、動詞の標識に始始し、動作主マーカーになることはなかった(王1957、1958)。(21a)では「他〈彼〉」がないと文として成立しないが、(21b)においては、あってもなくても容認できる。

(21) a. 让 他 打 了。　　b. 被(他)打 了。
　　　让 彼 殴る 完了　　　　被(彼)殴 完了
　　　(彼に殴られた)　　　　((彼に)殴られた)

このように、中国語の「見」「被」「吃」「着」といった着点動作主動詞では、動詞の意味が持つ〈求心性〉と〈受影性〉に動機付けられ、〈不快な経験〉へ意味変化し、さらに、受身標識へと文法化したという方向性が明らかになった。そして、意味拡張・文法化の具体的なプロセスを明らかにすることによって、〈不快な経験〉と〈受身〉は連続体をなしていることを示した。

10.3 英語

ロマンス語の英語にも、典型的な「be＋過去分詞」の他に、(22)のようなGET受動もみられる。Weiner and Labov (1983) では、get-passive への移行は英語に行われる最も活発な文法変化の1つであると指摘している。

(22) a.　John *was killed* in the war.
　　 b.　John *got killed* in an accident.　　　　(Haegeman 1985: 53)

Gronemeyer (1999) において、はっきりした理由は分からないが、get-passives が表している事象は、主語に不利なものが多い (for some reason which is not clear to me, a significant percentage of get-passives denote events which have a detrimental effect on the subjet) と述べ、コーパスデータとして、46例のうち不利なことが48％であるという比率を示している。これに対して、着点動作主動詞の意味拡張から説明を与えることができると考えられる。

10.4　韓国語における着点動作主動詞から受身接辞への文法化

韓国語において、着点動作主動詞の patta と tanghata は受身を表す接尾辞へと文法化している。

patta は日本語の「もらう」に相当する動詞で、(23)のように、〈人に頼んで、[ほしい物を] 手に入れる〉または〈人から [物を] 受ける〉）という意

味を持つ着点動作主動詞である。pattaは文法化し、(24)や(25)のように、
〈～される〉という受身の意味を表す接尾辞の機能を果たすようになった。

(23) a.　thip-ul　　　　patta　　　b.　kong-ul　　　patta
　　　　チップ-ACC patta　　　　　　　ボール-ACC patta
　　　　（チップをもらう）　　　　　　（ボールを受け取る）

(24) a.　sokay-hata　　　　　　　　b.　sokay-patta
　　　　紹介-hata　　　　　　　　　　　紹介-patta
　　　　（紹介する）　　　　　　　　　（紹介される）　　（生越2008: 157）

(25) a.　kwucey-patta　b.　hyep.pak-patta　c.　wian-patta　　d.　uysim-patta
　　　　救済-patta　　　　脅迫-patta　　　　　慰め-patta　　　　疑い-patta
　　　　（救済される）　　（脅迫される）　　（慰めてもらう）　（疑われる）

　許(2004)は、pattaが受身を表すのは個別的に受動の意味を表すのではなく、規則かつ生産的に受動文を作ることができると述べている。
　pattaの他に、tanghataという動詞もあり、tanghataは〈当面する〉という意味から、(26)のように〈[望ましくないこと]を受ける〉という意味へと拡張し、さらに(27)のように受身の意味を表す接尾辞として文法化した。

(26)　　kyothong sako / saki lul tanghata
　　　　交通事故／詐欺-ACC tanghata
　　　　（交通事故／詐欺に遭う）
(27)　　hasi / hayko / kangyo / cwachen-tanghata
　　　　蔑視／解雇／強要／左遷-tanghata
　　　　（蔑視／解雇／強要／左遷される）

　このように中国語をはじめ、着点動作主動詞から受身を表すマーカーへという文法化の方向性がみられる。Heine and Kuteva (2002: 122, 270, 284)は通言語的立場から、EAT, SEE, GET, SUFFER, REFLEXIVE, ANTICAUS-

ATIVE（reflexive maker）,COMITATIVE, FALL, PERS-PRON, THIRD PLURALなどを受身マーカーの起点領域として挙げているが、EAT, SEE, SUFFER, FALLについては、受身マーカーへの文法化は、概念的な基礎が完全にははっきりしていないという課題を残している。本研究から、EATとSEE、GET、さらにREFLEXIVEも〈求心性〉と〈受影性〉によって動機付けられ、受身へと文法化したということが分かる。SUFFERのほうは、これ自体を起点領域とするより、〈求心性〉と〈受影性〉の意味を持つ起点領域から〈受身〉という着点領域への中間段階と捉えたほうが良いのではないかと考えられる。

〈求心性〉と〈受影性〉を持つ着点動作主動詞から受身標識へという文法化のルートは、文法化における意味変化の方向性の具体的な一例になる。これはBybee, Perkins, and Pagliuca（1994）が提示したSOURCE DETERMINATION仮説（ある形式が語彙項目から文法項目へと文法化する時、語彙項目の意味は文法化の進む軌道、及び文法化の結果としての文法項目の意味を決定する）の証拠にもなると考えられる。本研究により、何を文法化の起点領域とするかは偶発的ではなく、一定の必然性と方向性がみられることが分かる。

また、Bybee et al.（1994）では、機能類型論的観点から興味深い示唆が掲げられている。

> The existence of (morphological) types gives evidence for typological constraints on grammaticization: In some languages grammaticization does mot proceed as far as it dose in others. In particular, isolating languages do not carry grammaticization as far as fusional or agglutinating languages do.

つまり形態類型論の分け方において、膠着言語は孤立言語より文法化が進んでいるということで、これは形態類型論的特徴と文法化の相関関係から立つ一般的仮説として提出されている。しかし、着点動作主動詞の文法化に関しては、孤立語の中国語の方が膠着語の日本語よりも文法化が進んでいる。こ

れは仮説に従わないケースである。

10.5　まとめ

　本章では、日本語や中国語、韓国語などにおいて着点動作主動詞が受身文との平行性がみられるということも確認した。そして、日本語では意味拡張の段階でとまるが、中国語や韓国語はさらに文法化が起こることも論じた。本章では文法化へのプロセスを提示し、基本義に共通する〈求心性〉と〈受影性〉がこれらの動詞が受身の意味を獲得した所以であることを明らかにした。

注

1　「拍〈掌で叩く〉」「敲〈打つ〉」「推〈押す〉」「拉〈引く〉」のような対象への接触行為を表す動詞は「影響含意型」と非「影響含意型」の間に位置するとされ、これらの動詞は結果性・完結性に乏しく、影響含意度も高くない。よって、回数表現または動量表現と共起し、動作の完結性をもたらすことで、受身文への適性が高まるとされる（木村1992）。

2　杉村(1991)は、今まで論じられてきた不愉快あるいは不如意という〈遭遇〉の意味合いが中国語受動文の適用における意味論的制約の最たるものであると述べると同時に、受動文が「難事が話者本人あるいは話者の感情が移入された存在によって達成されたという場合にも用いられる」とし、「自己称揚の受動文」には〈達成〉という感情があると論じている。例としては、「这个字终于被我写像样了。(この字はつい私によってまともに書かれた)」などが挙げられている。

3　「着」のこのような使用は、呉(1996)では〈遭遇〉義としている。

第 11 章　結語

　本書は認知意味論の手法を用いて、「着点動作主動詞」と本書が呼ぶ一連の動詞および意味的に関連する動詞の意味拡張における拡張の方向性及び写像の実現可能性について考察した。本章において、序章に挙げた研究目的に沿って本研究をまとめる。

11.1　本研究のまとめ

11.1.1　着点動作主動詞の意味拡張

　着点動作主動詞は基本義の時、「使役移動のプロセス」「動作主への求心性」「動作主の受影性」といった意味的性質を共通して持ち合わせていると考えられる。これらの意味的性質はイメージ・スキーマで以下のように表すことができる。

　本研究では、コーパスデータをもとに意味拡張している着点動作主動詞の

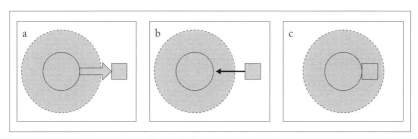

図 1.　着衣・負荷のイメージ・スキーマ

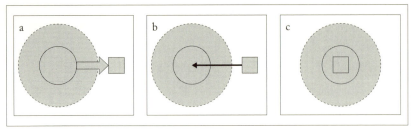

図 2. 摂食のイメージ・スキーマ

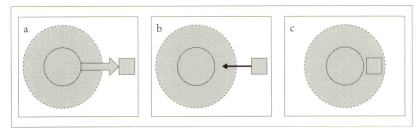

図 3. 「買う」「招く」などの動作のイメージ・スキーマ

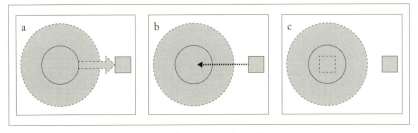

図 4. 知覚のイメージ・スキーマ

うち、63.0%（17/27）が〈不快な経験をする〉という拡張義を持つということを明らかにした。また着点動作主動詞に〈自分の領域へのモノの移動〉から〈不快な経験をする〉という拡張方向があると主張した。

　本研究でみた方向性は、これまで言われてきた「具体的な意味から抽象的な意味へ」、あるいは「客観的な意味から主観的な意味へ」といった概略的傾向を裏付ける具体例になりうる。さらに、先行研究で扱っている拡張の方向は、旅から恋愛、視覚から認識、人間の身体部位から空間前置詞などのよ

表1. 各動詞の基本義・〈不利益〉の拡張義及び使用例

動詞	基本義		拡張義	例
着る	｛上半身に［衣類を］／体全体に［上下一セットまたは上下一体の衣類を］｝身につける	→	［罪などを］自分の身に受ける	罪、冤罪、汚名、悪名
かぶる	［帽子や布団などで］頭部または体全体を覆う	→	［責任や罪などを］引き受ける、または身に受ける	罪、責任、損失、負担、悪名、汚名、赤字
こうむる	「カガフル」の転、「被る」と同義	→	［災害や被害など好ましくないことを］受ける	打撃、不興、損害、圧迫、被害、戦災
負う	背中に［人や物の重みを］受ける	→	［傷や病気を］受ける／［借金・責任といった負担を］受ける	責任、負担、債務、恨み、危険、困難、重傷
背負う	背中に［人や物の重みを］受ける	→	［負担となることを］受ける	ローン、借金、罪、負担、不幸、責任、課題
しょう	背中に［人や物の重みを］受ける	→	［負担となることを］受ける	負債、損害
抱える	［物を］腕で囲むようにして胸で支えたり、脇の下に挟んだりして保持する	→	［絶えず対処しなければならないような負担を］持つ	課題、難問、ストレス、赤字、悩み、借金
いだく	両腕を前に回して［人や物を］胸のところに寄せる	→	［考えや気持ちを］心の中に持つ	不信、不満、不安、恐怖、恨み、悩み、疑問、反感
食う	［主に個体状の食物を］口に入れ、かんで喉を通して体内に送り込む	→	［攻撃や罰則など望ましくないことを］受ける	拳骨、叱言、不意打、小言、暗撃、理窟、罰金
食らう	［飲食物を］口に入れ、更に喉を通して体内に送り込む	→	［攻撃や処罰など望ましくないことを］受ける	一撃、攻撃、説教、不意打、一喝、爆撃
のむ	［主に液体状の飲食物（薬を含む）を］口に入れ、かまずに更に喉を通して体内に送り込む	→	［受け入れがたい内容の提案を］妥協して受け入れる	条件、要求
喫する	［飲食物・嗜好品を］口に通して体内に取り込む	→	［敗北を］受ける	惨敗、敗北、驚き、恐慌
なめる	［液体または物の表面を］舌の先で触れる	→	［つらい事や苦しい事を］十分に経験する	辛酸、苦しみ、苦痛、苦労、辛苦
見る	［事物を］視野に入れて目に映す／［視野に入ってきた物事を］主体が認識する	→	［望ましくない出来事を］経験する	禍、損失、不幸、失敗、憂目、泣き、辛い目
来す	来るようにさせる	→	結果として［望ましくない事態を］引き起こす	支障、異常、困難、混乱、破綻
買う	後で返す約束で、［他人（または機関）の品物や金銭などを］自分のところに移す。もしくは（使用料を払って）［土地、建築物などの使用権を］一次的に自分のものにする	→	何らかの行動で、［よくない評判や反応を］引き起こす	怒り、恨み、冷笑、反感、嘲笑、反発、不信
招く	手などを振って合図を送り、［相手に］自分の所に来てもらう	→	何らかの行動で、［結果として好ましくない事態を］引き起こす	誤解、混乱、災、不幸、失敗、損失、悲劇、反感

うに、主に単一概念領域間の写像である。一方、本研究で得られた方向性の一般化は、〈着衣〉〈摂食〉〈負荷〉〈知覚〉などの複数の概念領域を越えるものである。本研究でみた写像は概念領域ではなく、〈自分の領域へのモノの移動〉という複数の領域に共通して存在するイメージ・スキーマによるものであると言える。このような写像パターンを示すことによって、写像関係を見直すきっかけになると考えられる。

11.1.2 写像の欠けの説明

　63.0%という割合から分かるように、着点動作主動詞の全てが〈動作主向けの使役移動〉から〈不利益の経験〉へという方向に沿って意味拡張を起こしているというわけではない。着点動作主動詞のうち、一部の動詞には意味拡張がみられないか、また拡張しても〈不利益の経験〉への拡張はみられない（表2参照）。これは概念メタファーにおける写像の欠けという現象である。本研究では、松本（2006b）の「過剰指定」または「語の競合」といった「語彙的経済性」から説明を試みた。〈自分の領域へのモノの移動〉から〈不快な経験をする〉へという意味拡張の方向性に従わない動詞の存在とその原因を明らかにしたことにより、意味拡張の方向性をより正確に予測すること

表2. 着点動作主動詞の意味拡張分布

拡張 動詞類	意味拡張有り		意味拡張無し
	〈不快な経験〉有り	〈不快な経験〉無し	
着衣動詞	着る、かぶる、こうむる		はく、まとう、はおる
負荷動詞	負う、背負う、しょう、抱える、いだく	担う	担ぐ、だく
摂食動詞	食う、食らう、飲む、なめる、喫する	食べる、吸う	食する
知覚動詞	見る	聴く	嗅ぐ
その他	買う、招く、来す	呼ぶ、借りる、もらう、受ける、浴びる、預かる	

11.1.3　方向性の原因究明

さらに、着点動作主動詞の意味拡張になぜこのような方向性が生じたのか、その原因を探った。負荷動詞、着衣動詞の「着る」および「食う」「食らう」については、動詞また概念レベルで説明することが可能だが、動詞レベルまたは概念レベルでは説明できないものが多く存在する。本研究では、社会心理学的な観点から着点動作主動詞の基本義にある「主体領域の侵入」および意味拡張における「意図性の消失」が原因であると説明した。つまり、主体領域外に位置する事物が、主体の非意図的な状態である場合に自己領域内の快適領域に入ってくるという事象は、主体にとっては領域の侵害となり、縄張り意識が作動した結果〈不利益の経験〉の意味合いが生じると考える。さらに、本研究は神経心理学の先行研究で言われてきた PERIPERSONAL、FOCAL EXTRAPERSONAL、AMBIENT EXTRAPERSONAL という3つの領域に、人間の身体および体と限りなく近い部分を指す BODILY PERSONAL という領域を加えるべきだと論じた。

BODILY PERSONAL は自己領域として認識される度合いが最も高い。PERIPERSONAL や AMBIENT EXTRAPERSONAL などはそれに次ぐと考えられる。これによって、「幸福を招く」「人気を呼ぶ」などの表現が説明できる。

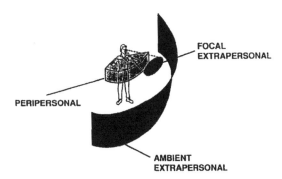

図 5.　The Model of 3-D Spatial Interactions（Previc 1998: 125）

11.1.4 関連動詞の意味拡張の方向性

着点動作主動詞のほかに、その使役動詞の二重他動詞および手が着点になる動詞といった関連動詞類の意味拡張についても検討した。

着点動作主動詞とその使役動詞のペアのうち、着点動作主動詞は〈不快な経験をする〉という意味へ、また対応する使役動詞は〈[不快な経験を]させる〉という意味へ拡張する傾向がみられる。一見すると、〈(使役移動の「着点」にあたる人が)[不快な経験を]する〉という拡張の方向性があるかのようにみえるが、①「浴びる／浴びせる」を除くすべてのペアにおいて、着点動作主動詞が〈不快な経験をする〉という拡張義を持っていなければ、対応する使役動詞も〈[不快な経験を]させる〉への拡張がみられない；②対応する使役動詞がなくても〈不快な経験をする〉へ拡張する着点動作主動詞がある；③着点動作主動詞と対応する使役動詞の他に、他者領域を着点とする動詞に〈[不快な経験を]させる〉という意味への拡張があまりみられない；④着点動作主動詞と対応する使役動詞の派生関係は、主に着点動作主動詞から使役動詞へという方向である、などの現象から、本研究は着点動作主動詞の意味拡張に伴って、語形的に対応する使役動詞にも類似の意味変化が起こった可能性が高いと考える。さらに、自身の自己領域と他者の自己領域の違いから意味拡張の違いに説明を加えた。

また、動作主の身体部位が着点になる動詞に着目し、手、そして手以外の身体部位を着点とする動詞は、意味拡張において対照的な拡張方向を示すことを明らかにした。さらに、身体部位における手の優位性から、なぜこのような違いが生じたのか、その原因を究明した。意味変化の方向性が着点となる身体部位によって異なるということは、言語の身体基盤性を証拠付ける良い例であろう。

自己領域と他者領域の違い、または手と手以外の身体部位の違いといった要因が、拡張の方向に影響するということを明らかにしたことで、認知主体の主観性・身体性がいかに意味拡張に反映するかということを窺い知ることができる。

11.1.5　方向性の普遍性の検証

　着点動作主動詞にみられる拡張の方向が普遍性を持つかどうかを検証するために、中国語、韓国語、英語などの言語に対して調査を行った。調査によって、韓国語には 69.6％ (16/23)、中国語には 54.2％ (13/24)、英語には 21.7％ (5/23) という割合で、着点動作主動詞が〈不快な経験をする〉という意味へと拡張していることが分かった。着点動作主動詞が〈不快な経験をする〉へ拡張するという方向性は日本語独特の現象ではないということが、ここから予想できる。さらに、中国語と韓国語において、着点動作主動詞の一部は意味変化がさらに進み、中国語においては受身標識、韓国語では受身の意味を表す接尾辞に文法化するという意味変化の方向性があることを明らかにした。

　本研究の成果としては、語彙の意味変化という記述的な側面、そしてメタファーの写像、概念化における身体性基盤、また言語変化の規則性といった理論的な側面に貢献できたのではないかと考える。さらに、辞書、また教科書などの編集、教育現場への応用を目指したい。

11.2　今後の課題

　他言語の調査から、韓国語には 69.6％ (16/23)、中国語には 54.2％ (13/24)、英語には 21.7％ (5/23) という非常にばらつきのある結果が出た。これは何を意味するのか、なぜこのような違いが生じるのかについて、文化の側面を含めて、さらに多くの言語データで検証する必要があると思われるが、これは今後の課題とする。

謝辞

　本書は 2013 年 12 月に神戸大学大学院人文学研究科に提出した博士論文をもとに修正・加筆したものである。刊行にあたって、お世話になった方々にお礼を申し上げたい。

　私が本格的に認知言語学を学び始めたのは恩師の松本曜先生に出会ってからである。先生からは言語研究の知識や方法のみならず、研究に対する真摯な姿勢など学ぶことが多かった。このような形で出版できたのも先生が何度も後押しをしてくださったおかげである。

　神戸大学に在籍した際に、西光義弘先生、岸本秀樹先生、窪薗晴夫先生、田中真一先生、プラシャント・パルデシ先生、高梨信乃先生、鈴木義和先生、定延利之先生、リチャード・ハリソン先生にはいつも貴重なご意見を頂戴し、言語学の諸分野についての知識をご教授頂いた。神戸大学言語学研究室において、同じ部屋で机を並べていた先輩の住田哲郎さん、鈴木幸平さん、秋田喜美さん、小川晋史さん、松本知子さん、また森下裕三さん、于一楽さん、游韋倫さん、陳奕廷さん、史春花さん、モニカ・カフンブルさん、ボルジロフスカヤ・アンナさん、伊藤彰規さん、中嶌浩貴さんなどの同期や後輩の方々とも多くの議論ができ、何度も共同研究を行い、ともに励ましあって充実した日々を過ごすことができた。

　関西大学の鍋島弘治郎先生には研究会や学会で発表する際に、いつも教示に富むご指摘を賜った。また、多忙にもかかわらず、博士論文の審査をお引き受けいただき、心から感謝の意を申しあげたい。

　博士後期課程終了後、日本学術振興会特別研究員 PD として快く受け入れてくださった東京大学の木村英樹先生には大変お世話になり、心から尊敬と感謝の意を申し上げたい。同じく東京大学の小野秀樹先生、大西克也先生、前田真砂美さん、長谷川賢さん、李佳樑さん、そして張佩茹さん、池田晋さんなどにはゼミや研究会でご指導とご意見を頂き、皆さんとの交流は研究を

進めていく上で、大きな励みとなった。中国語中国文学研究室補佐員の樫尾季美さんには公私にわたり、大変お世話になった。記して、感謝の意を表したい。

　また、有薗智美さん(名古屋学院大学)、井上加寿子さん(関西国際大学)、池上嘉彦先生(昭和女子大学)、井上優先生(麗澤大学)、植田均先生(熊本大学)、大谷直輝先生(東京外国語大学)、古賀裕章先生(慶應義塾大学)、小嶋美由紀先生(関西大学)、小林雄一郎さん(東洋大学)、佐々木勲人先生(筑波大学)、佐藤直人先生(聖徳大学)、下地早智子先生(神戸市外国語大学)、朱継征先生(新潟大学)、Dirk Geeraerts (University of Leuven)、田川拓海さん(筑波大学)、高嶋由布子さん(日本学術振興会特別研究員)、高橋英光先生(北海道大学)、西村英樹さん(香港中文大学)、野瀬昌彦先生(滋賀大学)、長谷川明香さん(東京大学大学院)、堀田優子先生(金沢大学)、堀江薫先生(名古屋大学)、本多啓先生(神戸市外国語大学)、益岡隆志先生(神戸市外国語大学)、町田章先生(広島大学)、町田茂先生(山梨大学)、劉笑明先生(中国天津外国語大学)、劉驫さん(九州大学)など、学会や研究会でご意見をくださり、また激励してくださった方々に深くお礼を申しあげたい。

　日本語と中国語以外の他言語調査において、韓国語は神戸大学人文学研究科の全美星先生、インドネシア語は神戸大学大学院人文学研究科社会学のヘラワティさん、ロシア語は同じ言語学研究室のボルジロフスカヤ・アンナさん、英語は同研究室卒業生のウィリアムズ・ブライアンさんにお世話になった。私の度重なる質問にも丁寧に答えて頂いたことに感謝したい。

　なお、本研究の一部は日本学術振興会特別研究員奨励費(課題番号 24・7902)の助成を受けている。刊行にあたって、神奈川大学言語研究センターの刊行助成を受けた。刊行に際して、神奈川大学言語研究センター所長の岩畑貴弘先生、そして彭国躍先生、内田冨美子様、ひつじ書房の森脇尊志様にとりわけお世話になり、厚くお礼を申し述べたい。

　最後になったが、いつも暖かく見守ってくれる家族や友人に心から感謝したい。

参考文献

浅賀英世(1990)「臭気(1) 嗅覚と生理」『空気調和・衛生工学』64 (89): 683–687.
Backhouse, A. E. (1981) Japanese verbs of dress. *Journal of Linguistics* 17: 17–29.
白明学(2011)「受身形式の多様性と構文的特徴」『名古屋大学文学部研究論集（文学）』57: 69–82.
Barber, Charles L. (1964) *The story of language*. London/Sydney: Pan Books.
Bell, Charles (1833) *The Hand Its Mechanism and Vital Endowments as Evincing Design*. London: William Pickering.［岡本保訳(2005)『手』医学書院.］
Bower, T. G. R. (1966) The visual world of infants. *Scientific American* 215(6): 80–92.
Bréal, Michel (1964 [1897]) *Semantics: Studies in the science of meaning*. Trans. by Hery Cust. New York: Dover.
Brugman, Claudia (1990) What is the Invariance Hypothesis? *Cognitive Linguistics* 1(1): 257–266.
Bybee, Joan, William Pagliuca and Revere D. Perkins (1991) Back to the Future. In: Elizabeth Closs Traugott and Bernd Heine (eds.) *Approaches to Grammaticalization. Vol. II: Focus on Types of Grammatical Markers*, 17–58. Amsterdam/Philadelphia: Benjamins.
Bybee, Joan L., Revere Perkins and William Pagliuca (1994) *The Evolution of Grammar: Tense, Aspect, and Modality in the Languages of the World*. Chicago: University of Chicago Press.
Clausner, Timothy and William Croft (1997) Productivity and schematicity in metaphors. *Cognitive Science* 21: 247–282.
Comrie, Bernard (1981) *Language Universals and Linguistic Typology*. Oxford: Basil Blackwell.［松本克巳・山本秀樹訳(1992)『言語普遍性と言語類型論』ひつじ書房.］
Comrie, Bernard (1989) Aspect and voice: Some reflections on perfect and passive. *Syntax and Semantics* 14: 65–78. New York/San Francisco/London: Academic Press.
Croft, William (1993) The role of domains in the interpretation of metaphors and metonymies. *Cognirive Linguistics* 4 (4): 335–370.
Croft, William (2009) Connecting frames and constructions: A case study of eat and feed. *Constructions and Frames* 1(1): 7–28. Amsterdam/Philadelphia: John Benjamins.
Croft, William and D. Alan Cruse (2004) *Cognitive Linguistics*. Cambridge: Cambridge University Press.
デデイ・スリャデイ(2007)「インドネシア語の動詞接頭辞—接頭辞 [meN-] の意味・

機能を中心に—」『広島大学大学院教育学研究科紀要第二部』56: 209-215.

Deignan, Alice (1999) Corpus-based research into metaphor. In: Lynne Cameron and Graham Low (eds.) *Researching and Applying Metaphor*, 177–199. Cambridge: Cambridge University Press.

丁家勇(2003)「从隆回湘语表被动的"吃"字句看句式配价」,汉语被动表述问题国际学术研讨会论文.

Faltz, Leonard (1977) *Reflexivization: a study in universal syntax*. Ph.D. dissertation, University of California, Berkeley. [Reprinted in 1985 by Garland Publishing.]

Family, Niloufar (2008) Mapping semantic spaces: A constructionist account of the "light verb" xordæn 'eat' in Persian. In: Martine Vanhove (ed.) *From Polysemy to Semantic Change: Towards a typology of lexical semantic associations*, 139–161. Amsterdam/Philadelphia: John Benjamins.

范中华(1991)「论遭受类动词及遭受句」,《社会科学战线》第2期.

Fillmore, Charles (1968) The Case for Case. In: Emmon Bach and Robert T. Harms (eds.) *Univerals in Linguistic Theory*, 1–88. New York: Holt, Rinehart and Winston.

Fillmore, Charles (1975) An alternative to checklist theories of meaning. In Papers from the First Meeting, Berkeley Linguistics Society, 123–131. Berkeley Linguistics Society, University of California, Berkeley, Calif.

Fillmore, Charles (1977) Scenes and frame semantics. In: Antonio Zampolli (ed.) *Linguistic structures processing*, 55–81. Amsterdam/New York: North-Holland.

Fillmore, Charles (1982) Towards a descriptive framework for spatial deixis. In: Robert J. Jarvella and Wolfgang Klein (ed) *Speech, place, and action: Studies in deixis and related topics*, 31–59. Chichester: John Wiley.

Fillmore, Charles (1985) Frames and the semantics of understanding. *Quaderni di Semantica* 11: 222–254.

深田智・仲本康一郎(2008)『概念化と意味の世界』研究社.

Gibson, Eleanor. J. and Richard D. Walk (1960) The "visual cliff". *Scientific American* 202 (4): 67–71.

Givón, Talmy (1984) *Syntax: A functional-typological introduction, vol. 1*. Amsterdam/Philadelphia: John Benjamins.

Givón, Talmy and Lynne Yang (1994) The rise of the English get-passive. In: Barbara Fox and Paul J. Hopper (eds.) *Voice: Form and Function*, 119–150. Amsterdam: John Benjamins.

Glucksberg, Sam (2001) *Understanding figurative language: From metaphors to idioms*. Oxford: Oxford University Press.

Glucksberg, Sam and Boas Keysar (1993) How metaphors work. In: Andrew Ortony (ed.) *Metaphor and thought*, 401–424. Cambridge: Cambridge University Press.

Glucksberg, Sam and Matthew S. McGlone (1999) When love is not a journey: What metaphors mean. *Journal of Pragmatics* 31: 1541–1558.

Grady, Joseph (1997) *Foundations of meaning: primary metaphors and primary scenes.* Ph.D. dissertation, University of California, Berkeley.

Grady, Joseph (1999) Typology of motivation for conceptual metaphor: Correlation vs. Resemblance. In: Raymond Gibbs and Steed Gerard (eds.) *Metaphor in Cognitive Linguistics: Selected Papers from the Fifth International Cognitive Linguistics Conference*, 79–100. Amsterdam/Philadelphia: John Benjamins.

Gronemeyer, Claire (1999) On dering complex polysemy: the grammaticalization of get. *English Language and Linguistics* 3 (1): 1–39.

Gruber, Jeffrey (1976) *Lexical Structures in Syntax and Semantics.* Amsterdam: North-Holland.

Haegeman, Liliane (1985) The get-passive and Burzio's generalization. *Lingua* 66: 53–77.

Hampe, Beate (2005) When Down is Not Bad, and Up not Good Enough: A Usage-based Assessment of the Plus-minus Parameter in Image-schema Theory. *Cognitive Linguistics* 16 (1): 81–112.

桥本万太郎(1987)「汉语被动式的历史・区域发展」,《中国语文》第 1 期.

Haspelmath, Martin (1990) The grammaticalization of passive morphology. *Studies in Language* 14 (1): 25–72.

Haspelmath, Martin (1994) Passive Participles across Languages. In: Barbara Fox and Paul J. Hopper (eds.) *Voice: Form and Function*, 151–177. Amsterdam/Philadelphia: John Benjamins.

Heine, Bernd, Urike Claudi and Friederike Hünnemeyer (1991) *Grammaticalization: A conceptual framework.* Chicago: The University of Chicago Press.

Heine, Bernd and Tania Kuteva (2002) *World lexicon of grammaticalization.* Cambridge: Cambridge University Press.

許明子(2004)『日本語と韓国語の受身文の対照研究』ひつじ書房.

Hook, Peter and Prashant Pardeshi (2009) The semantic evolution of EAT-expressions: Ways and byways. In: John Newman (ed.) *The Linguistics of Eating and Drinking*, 153–172. Amsterdam/Philadelphia: John Benjamins.

Hopper, Paul J. and Sandra A. Thompson (1980) Transitivity in grammar and discourse. *Language* 56: 251–299.

Hopper Paul J. and Elizabeth Closs Traugott (1993) *Grammaticalization.* Cambridge: Cambridge University Press.

堀江薫・プラシャント＝パルデシ(2009)『言語のタイポロジー：認知類型論のアプローチ』研究社.

Howard, Eliot H. (1920) *Territory in bird life.* London: John Murray.

池上嘉彦(1981)『「する」と「なる」の言語学―言語と文化のタイポロジーへの試論―』大修館書店.
井上和子(1976)『変形文法と日本語：下』大修館書店.
伊藤彰規(2012)「イベント統合の類型論に基づく日本語の着衣動詞の意味分析」『読書会の記録』2: 23–32.「言語と人間」研究会.
Jacobsen, Wesley. M（1989）「他動性とプロトタイプ論」久野暲・柴谷方良（編）『日本語の新展開』: 213–247. くろしお出版.
Jacobsen, Wesley. M（1992）*The transitive structure of events in Japanese*. Tokyo: Kurosio Publishers.
Jäkel, Olaf (1995) The metaphorical concept of the mind: Mental activity is manipulation. In: John R. Taylor and Robert E. Maclaury (eds.) *Language and the Cognitive Construal of the World*, 197–229. Berlin/New York: Mouton de Gruyter.
江蓝生(1989)「被动关系词吃的来源初探」,《中国语文》第 5 号.
江蓝生(2000)「汉语使役与被动兼用探源」,《近代汉语探源》北京：商务印书馆.
Johnson, Mark (1987) *The body in the mind: The bodily basis of meaning, imagination, and reason.* Chicago: University of Chicago Press.
影山太郎(1980)『日英比較　語彙の構造』松柏社.
片山きよみ(2003)「日本語他動詞の再帰的用法について」『熊本大学言語学研究室紀要』4: 325–369. 熊本大学.
Kemmer, Suzanne (1993) *The middle voice*. Amsterdam/Philadelphia: John Benjamins.
Kemmer, Suzanne (1994) Middle voice, transitivity and the elaboration of events. In: Barbara Fox and Paul J. Hopper (eds.) *Voice: Form and Function*, 179–230. Amsterdam: John Benjamins.
木村英樹(1981)「被動と「結果」」『日本語と中国語の対照研究』5: 27–46.
木村英樹(1992)「BEI 受身文の意味と構造」『中国語』389: 10–15.
木村英樹(2003)「中国語のヴォイス」『月刊言語』32(4): 64–69. 大修館書店.
木村英樹(2008)「北京語授与動詞"给"の文法化―〈授与〉と〈結果〉と〈使役〉の意味的連携」生越直樹・木村英樹・鷲尾龍一（編）『ヴォイスの対照研究―東アジア諸語からの視点』: 93–108. くろしお出版.
木村英樹・楊凱栄（2008）「授与と受動の構文ネットワーク―中国語授与動詞の文法化に関する方言比較文法試論」生越直樹・木村英樹・鷲尾龍一（編）『ヴォイスの対照研究―東アジア諸語からの視点』: 65–91. くろしお出版.
岸本秀樹(2010)「受身の意味を表す「受ける」の語彙概念構造」影山太郎（編）『レキシコンフォーラム』5: 201–218. ひつじ書房.
北原保雄・久保田淳・谷脇理史・徳川宗賢・林大・前田富祺・松井栄一・渡辺実（編）(2000)『日本国語大辞典』(第二版)小学館.
Kleparski, Grzegorz A. (1990) *Semantic change in English: A study of evaluative developments*

in the domain of humans. Lublin: Catholic University of Lublin Printing House.

古賀裕章(2008)「「てくる」のヴォイスに関連する機能」森雄一・西村義樹・山田進・米山三明(編)『ことばのダイナミズム』くろしお出版.

Kohler Ivo (1964) *The formation and transformation of the perceptual world.* New York: International Universities Press.

小泉保・船城道雄・本田晶治・仁田義雄・塚本秀樹(1989)『日本語基本動詞用法辞典』大修館書店.

Kövecses, Zoltán (2002) *Metaphor: A practical introducton.* Oxford: Oxford University Press.

工藤真由美(1995)『アスペクト・テンス体系とテクスト—現代日本語の時間の表現—』ひつじ書房.

熊代敏行(2002)「際だち(prominence/salience)」辻幸夫(編)『認知言語学キーワード辞典』研究社.

国広哲弥(1977)『理想の国語辞典』大修館書店.

国広哲弥(1994)「認知的多義論　現象素の提唱」『言語研究』106: 22-44.

国広哲弥(1996)「日本語の再帰中間態」『言語学林 1995-1996』三省堂.

国広哲弥(1997)『理想の国語辞典』大修館書店.

国広哲弥(2006)『日本語の多義動　詞理想の国語辞典 II』大修館書店.

久野暲(1973)『日本語の文法研究』大修館書店.

Kuno, Susumu (1973) *The Structure of the Japanese Language.* Cambridge, MA: MIT Press.

黒田航(2005)「概念メタファーの体系的、生産的はどの程度か：被害の発生に関係するメタファー成立基盤の記述を通じて」『日本語学』24: 38-57.

Lakoff, George (1977) Linguistic gestalts. In *Papers from the Thirteenth Regional Meeting of the Chicago Linguistic Society*, Samuel E. Fox, Woodford A. Beach, and Shulamith Philosoph (eds.), 236–287. Chicago: Chicago Linguistic Society.

Lakoff, George (1987) *Women, fire and dangerous things: What categories reveal about mind.* Chicago: University of Chicago Press.

Lakoff, George (1990) The invariance hypothesis: Is abstract reasoning based on image-schemas? *Cognitive Linguistics* 1(1): 39–74.

Lakoff, George (1993a) The contemporary theory of metaphor. In: Andrew Ortony (ed.) *Metaphor and thought*, 202–251. Cambridge: Cambridge University Press.

Lakoff, George (1993b) The metaphor system and its role in grammar. *CLS* 29: 217–241.

Lakoff, George and Mark Johnson (1980) *Metaphors we live by.* Chicago: University of Chicago Press.

Lakoff, George and Mark Johnson (1999) *Philosophy in the flesh: The embodied mind and its challenge to western thought.* New York: Basic Books.［計見一雄訳(2004)『肉中の哲学：肉体を有したマインドが西洋の思考に挑戦する』哲学書房.］

Lakoff, George and Mark Turner (1989) *More than cool reason: A field guide to poetic meta-*

phor. Chicago: University of Chicago Press.

Langacker, Ronald W. (1987) *Foundation of cognitive grammar, vol. 1: Theoretical Prerequisities*. Stanford: Stanford University Press.

Langacker, Ronald W. (1990) *Concept, Image, and Symbol: The Cognitive Basis of Grammar*. Berlin/New York: Mouton de Gruyter.

Langacker, Ronald W. (1991) *Foundation of Cognitive Grammar, vol. 2: Descriptive Application*. Stanford: Stanford University Press.

Langacker, Ronald W. (1993) Reference-Point constructions. *Cognitive Linguistics* 4: 1–38.

Langacker, Ronald W. (1996) A Constraint on Progressive Generics. In: Adele E. Goldberg (ed.) *Conceptual Structure, Discourse and Language*, 289–302. Stanford/California: CSLI Publications.

Langacker, Ronald W. (2000) *Grammar and Conceptualization*. Berlin/New York: Mouton de Gruyter.

Langacker, Ronald W. (2008) *Cognitive Grammar: A Basic Introduction*. Oxford: Oxford University Press.

Li, Charles N. and Sandra A. Thompson (1981) *Mandarin Chinese: A Functional Reference Grammar*. Berkeley: University of California Press.

李海霞(1994)「四川方言的被动式利"着"」,《西南师范大学学报(哲社版)》第1期.

李临定(1980)「"被"字句」,《中国语文》第6期.

Lindner, Susan (1982) What goes up doesn't necessarily come down: The ins and outs of opposites. In: *Papers from the Eighteenth Regional Meeting of Chicago Linguistic Society*, 305–323. Chicago Linguistic Society.

刘世儒(1956)「被动式的起源」,《语文学习》第8期.

Lyman, Stanford and Marvin Scott (1967) A Neglected Sociological Dimension. *Social Problems* 15(2): 236–249.

Lyons, John (1968) *Introduction to theoretical linguistica*. Cambridge: Cambridge University Press.

牧野成一(1996)『ウチとソトの言語文化学―文法を文化で切る』アルク.

Mandler, Jean M. (1991) Prelinguistic primitives. In: *Proceedings of the Seventeenth Annual Meeting of the Berkeley Linguistics Society*, 414–425. Berkeley Linguistics Society.

Mandler, Jean M. (1992) How to build a baby II. *Phychological review* 99: 587–604.

Mandler, Jean M. (2005) How to build a baby III. In: Beate Hampe (ed.) *From perception to meaning*, 137–163. Berlin: Mouton de Gruyter.

Masica, Colin P. (1976) *Defining a linguistic area: South Asia*. Chicago: University of Chicago Press.

Matsumoto, Yo (1999) On the extension of body-part nouns to object-part nouns and spatial adpositions. In: Barbara Fox, Dan Jurafsky, and Laura Michaelis (eds.) *A*

Cognition and function in language, 15–28. Stanford: CSLI Publications.
松本曜(2000a)「「教わる／教える」などの他動詞／二重他動詞ペアの意味的性質」山田進・菊地康人・籾山洋介(編)『日本語　意味と文法の風景：国広哲弥教授古希記念論文集』79–95. ひつじ書房.
松本曜(2000b)「日本語における他動詞／二重他動詞ペアと日英語の使役交替」丸田忠雄・須賀一好(編)『日英語の自他の交替』：167–207. ひつじ書房.
松本曜(2003)『認知意味論』大修館書店.
松本曜(2004)「日本語の視覚表現における虚構移動」『日本語文法』4(1): 111–128.
松本曜(2006a)「概念メタファーと語彙レベルのメタファー研究(シンポジウム　認知意味論の新展開―メタファーを中心に)」『日本認知言語学会論文集』6: 519–522.
松本曜(2006b)「語におけるメタファー的意味の実現とその制約」山梨正明他(編)『認知言語学論考』6: 49–93. ひつじ書房.
松本曜(2009)「多義語における中心的意味とその典型性：概念的中心性と機能的中心性」『Sophia linguistica』57: 89–99.
松本曜(2010)「多義性とカテゴリー構造」澤田治美(編)『語・文と文法カテゴリーの意味』：23–43. ひつじ書房.
松本曜(2017)『移動表現の類型論』(仮称) くろしお出版.
马希文(1987)「北京方言里的"着"」,《方言》第1期.
Minsky, Marvin (1975) A framework for representing knowledge. In: Patrick H. Winston (ed.) *The Psychology of Computer Vision*, 211–277, New York: McGraw-Hill.
宮地敦子(1975)「語誌「はむ」「くう」「たべる」」『言語生活』286.
宮島達夫(1972)『動詞の意味・用法の記述的研究』秀英出版.
籾山洋介(2002)『認知意味論のしくみ』研究社.
籾山洋介・深田智(2003)「意味の拡張」松本曜(編)『認知意味論』：73–134. 大修館書店.
森田良行(1989)『基礎日本語辞典』角川書店.
森田良行(1994)『動詞の意味論的文法研究』明治書院.
村木新次郎(1983)「迂言的なうけみ表現」『国立国語研究所報告74　研究報告集4』国立国語研究所.
鍋島弘治朗(2003)「メタファーと意味の構造性」『認知言語学論考 No.2』：25–109. ひつじ書房.
鍋島弘治朗(2007)「黒田の疑問に答える―認知言語学からの回答―」『日本語学』3月号：54–71. 明治書院.
鍋島弘治朗(2011)『日本語のメタファー』くろしお出版.
中西博・西岡伸子(1969)「体性感覚」苧阪良二(編)『講座心理学3 感覚』東京大学出版会.
楢崎正也(2010)『におい：基礎知識と不快対策・香りの活用』東京：オーム社.

Newman, John (1997) Eating and drinking as sources of metaphor in English. *Cuadernos de Filología Inglesa* 6(2): 213–231.

Newman, John (2009) A cross-lingustic overview of 'eat' and 'drink'. In: John Newman (ed.) *The linguistics of eating and drinking*, 1–26. Amsterdam/Philadelphia: John Benjamins.

西山正子(2006)「動詞「浴びる」と格助詞」『文学・言語学研究』2: 37–47.

仁田義雄(1982)「再帰動詞, 再帰用法—Lexico-Syntax の姿勢から—」『日本語教育』47: 79–80.

生越直樹(2008)「現代朝鮮語における様々な自動・受動表現」生越直樹・木村英樹・鷲尾龍一(編)『ヴォイスの対照研究—東アジア諸語からの視点』: 155–185. くろしお出版.

奥津敬一郎(1967)「自動化・他動化および両極化変形」『国語学』70: 46–66.

大石亨(2012)「メタファー表現の生産性に対する意味の焦点と表現メディアの影響—〈急激な増加〉や〈大量の存在〉を表す表現の場合—」『第2回コーパス日本語学会ワークショップ予稿集』: 145–154.

大谷直輝(2008)「英語の不変化詞が表す主観的意味について：有界性と価値付与を中心に」『認知言語学論考』8: 191–226.

大谷直輝(2009)「認知主体の視点と価値付与の反転：英語不変化詞 up-down, in-out, on-off を例にして」『日本認知言語学会論文集』9: 121–131. 日本認知言語学会.

太田辰夫(1958)『中国語歴史文法』江南書局.

Pardeshi Prashant et al. (2006) Toward a geotypology of eat-expressions in languages of Asia: Visualizing areal patterns through WALS.『言語研究』130: 89–108.

Previc, Fred H. (1998) The neuropsychology of 3-D space. *Psychological Bulletin* 124: 123–164.

Prince, Alan and Paul Smolensky (1993) *Optimality Theory: Constraint Interaction in Generative Grammar*. Malden, MA: Blackwell.

Quine, van Orman (1960) *Word and Object*. Cambridge, MA: MIT Press.

屈哨兵(2008)《现代汉语被动标记研究》华中师范大学出版社.

Radden, Gunter and Zoltán Kövecses (1999) Towards a theory of metonymy. In: Klaus Panther and Gunter Radden (eds.) *Metonymy in language and thought*, 17–59. Amsterdam: John Benjamins.

Reddy, Michael (1979) The conduit metaphor: A case of frame conflict in our language about language. In: Andrew Ortony (ed.) *Metaphor and Thought*, 284–324. Cambridge: Cambridge University Press.

Rudzka-Ostyn, Brygida (1995) Metaphor, schema, invariance: The case of verbs of answering. In: Louis Goossens, Paul Pauwels, Brygida Rudzka-Ostyn, Anne-Marie Simon-Vandenbergen and Johan Vanparys (eds.) *By word of mouth: Metaphor, metonymy and*

linguistic action in a cognitive perspective, 205–243. Amsterdam: John Benjamins.
坂原茂(1995)「複合動詞「V て来る」」『言語・情報・テクスト』2: 109–143.
斉藤智子(1977)「〈くふ〉についての一考察」『玉藻』13: 46–60.
Saksena, Anuradha (1982) *Topics in the analysis of causatives with an account of Hindi paradigms.* (*University of California Publications in Linguistics 98*). Berkeley: University of California Press.
Savarin, Brillat (1925) *Physiologie du gout*. [関根秀雄, 戸部松実訳(1967)『美味礼賛』岩波書店.]
澤田淳(2009)「移動動詞「来る」の文法化と方向づけ機能―「場所ダイクシス」から「心理ダイクシス」へ」『語用論研究』11: 1–20. 日本語用論学会.
Schreuder, Hindrik (1929) *Pejorative sense-development in English*. Groningen: P. Noordhoff.
瀬戸賢一(2007)「メタファーと多義語の記述」楠見孝(編)『メタファー研究の最前線』ひつじ書房.
Shibatani, Masayoshi (1976) The grammar of causative construction: A conspectus. In: Masayoshi Shibatani (ed.) *The grammar of causative constructions* (*Syntax and Semantics 6*), 1–40. New York: Academic Press.
Shibatani, Masayoshi (1985) Passives and related constructions: A prototype analysis. *Language* 61 (4): 821–848.
Shibatani, Masayoshi (2003) Directional Verbs in Japanese. In: Zygmunt Frajzyngier, Erin Shay and Uwe Seibert (eds.) *Motion, Direction, and Location in Language*, 259–285. Amsterdam: John Benjamins.
Shibatani, Masayoshi (2006) On the Conceptual Framework for Voice Phenomena. *Linguistics* 44 (2): 217–269.
篠原和子(1999) Category extension of the Japanese verb *Kuu*.『日本言語学会第 118 回大会予稿集』118. 日本言語学会.
石毓智(2006)《语法化的动因与机制》北京：北京大学出版社.
Siewierska, Anna (1984) *The passive: A comparative linguistic analysis*. London: Croom Helm.
Sommer, Robert (1959) *Personal Space: The behavioral basis of design*.［穐山貞登訳(1972)『人間の空間：デザインの行動的研究』鹿島出版会.］
Stern, Gustaf (1931) *Meaning and change of meaning: With special reference to the English language*. Bloomington/London: Indiana University Press.
杉村博文(1982)「「被動と『結果』」拾遺」『日本語と中国語の対照研究』7: 58–82.
杉村博文(1984)「処置と遭遇―"把"構文再考」『中国語学』231: 11–14.
杉村博文(1991)「遭遇と達成―中国語被動文の感情的色彩―」大河内康憲(編)『日本語と中国語の対照論文集』: 45–62. くろしお出版.

住田哲郎(2006)「日本語「てくる」の逆行態用法」『日本語学研究』17: 73-86.
鈴木宏昭(1996)『類似と思考』共立出版.
鈴木幸平(2004)「感情の容器メタファーに関わる制約」『大阪外国語大学言語社会学会研究会報告集』7: 57-68.
鈴木智美(2009)「「呼ぶ」と「招く」の意味分析―その多義的意味とコロケーションについて」『留学生日本語教育センター論集』35: 1-15.
Sweetser, Eve (1988) Grammaticalization and Semantic Bleaching. In: Shelly Axmaker et al. (eds.) *General Session and Parasession on Grammaticalization*, 389–405. Berkeley: Berkeley Linguistic Society.
Sweetser, Eve (1990) *From Etymology to Pragmatics: Metaphorical and Cultural Aspects of Semantic Structure*. New York: Cambridge University Press.
高橋太郎(1975)「文中にあらわれる所属関係の種々相」『国語学』103: 1-17.
滝上周・長田俊哉(2007)「化学感覚」長田俊哉・市川真澄・猪飼篤(編著)『フェロモン受容にかかわる神経系』: 1-13. 森北出版.
Talmy, Leonard (1985) Force dynamics in language and thought. In: *Papers from the Twenty-first Regional Meeting, Chicago Linguistic Society*, 293–337. Chicago Linguistic Society.
Talmy, Leonard (1991) Path to realization. In: *Proceedings of the Seventeenth Annual Meeting of the Berkeley Linguistics Society*, 480–519. Berkeley Linguistics Society,
Talmy, Leonard (1996) Fictive motion in language and 'ception'. In: Paul Bloom, Mary A. Peterson, Lynn Nadel and Merrill F. Garrett (eds.) *Language and Space*, 211–276. Cambridge, MA: MIT Press.
Talmy, Leonard (2000) *Toward a Cognitive Semantics, Vol. I: Concept Structuring Systems*. Cambridge, MA: MIT Press.
田中聡子(1996)「動詞「みる」の多義構造」『言語研究』110: 120-142.
田中聡子(2005)「視覚表現に見る視覚から高次認識への連続性―視覚の文化モデル―」『言語文化論集』23(02): 155-170.
谷口一美(2003a)「類似性と共起性：メタファー写像，アナロジー，プライマリーメタファーをめぐって」『日本認知言語学会論文集』3: 23-33.
谷口一美(2003b)『認知意味論の新展開 メタファーとメトニミー』研究社.
谷口一美(2005)『事態概念の記号化に関する認知言語学的研究』ひつじ書房.
Taub, Sarah (1996) How productive are metaphors? A close look at the participation of a few verbs in the STATES ARE LOCATIONS metaphor (and others). In: Adele E. Goldberg (ed.) *Conceptual Structure, Discourse, and Language*, 449–462. Stanford: CSLI Publications.
Taylor, John (2002) *Cognitive Grammar*. Oxford: Oxford University Press.
當野能之・呂仁梅(2003)「着脱動詞の対照研究―日本語・中国語・英語・スウェーデ

ン語・マラーティー語の比較」『世界の日本語教育』13: 127–141.
Traugott, Elizabeth (1982) From propositional to textual and expressive meanings: Some semantic-pragmatic aspects of grammaticalization. In: Winfred P. Lehmanmm and Yakov Malkiel (eds.) *Perspectives on historical linguistic*, 245–271. Amsterdam: John Benjamins.
Traugott, Elizabeth (1989) On the rise of epistemic meanings in English: An example of subjectification in semantic change. *Language* 65 (1):31–55.
Traugott, Elizabeth Closs and Richard B. Dasher (2002) *Regularity in Semantic Change*. Cambridge: Cambridge University Press.
角田太作(1992)『世界の言語と日本語』くろしお出版.
Turner, Mark (1991) *Reading minds: The study of English in the age of cognitive science*. Princeton: Princeton University Press.
Tyler, Andrea, and Vyvyan Evans (2003) *The Semantics of English Prepositions: Spatial Scenes, Embodied Meaning, and Cognition*. Cambridge: Cambridge University Press.［木村哲也訳(2005)『英語前置詞の意味論』研究社.］
内田謙(1994)「つかむ」『日本大百科全書』(ジャパンナレッジ版)小学館.
Ullmann, Stephen (1957) *The principles of semantics*. Glasgow: Jackson, Oxford : Blackwell.
Ullmann, Stephen (1962) *Semantics: An introduction to the science of meaning*. Oxford: Blackwell.［池上嘉彦訳(1969)『言語と意味』大修館書店.］
Viberg Åke (1983) The verbs of perception: A typological study. *Linguistics* 21 (1): 123–62.
王还(1983)「英语和汉语的被动句」《中国语文》1983 年第 6 期.
王力(1980(1957, 1958))《汉语史稿》,北京：中华书局.
王一平(1994)「从遭受类动词所带宾语的情况看遭受类动词的特点」《语文研究》第 4 期.
Weiner, Judith E. and William Labov (1983) Constraints on the agentless passive. *Journal of Linguistics* 19: 29–58.
Williams, Joseph M. (1976) Synaesthetic adjectives: A possible law of semantic change, *Language* 52 (2): 461–478.
吴福祥(1996)《敦煌变文语法研究》岳麓书社.
夏海燕(2010a)「日中視覚動詞文法化の一側面―本動詞の非対応性による文法化の違い―」『日本認知言語学会論文集』10: 97–106. 日本認知言語学会.
夏海燕(2010b)「「着点動作主動詞」から見る意味拡張の方向性」『日中言語研究と日本語教育』3: 56–66. 好文出版.
夏海燕(2010c)「日语补助动词「テミル」的语法化」『日语学习与研究』2010 年第 2 号：36–40. 北京：对外经济贸易大学.
夏海燕(2010d)「日本語視覚動詞「みる」の文法化における意味の主観化」『古典力・対話力論集』1: 98–107. 神戸大学大学院人文学研究科.
夏海燕(2012a)「意味拡張における二種類の方向性―着点動作主動詞と身体領域―」『神

戸言語学論叢』8: 35–45.
夏海燕(2012b)「韓国語「着点動作主動詞」の意味拡張―日本語との対照をかねて―」笹原健・野瀬昌彦(編)『日本語とX語の対照2―外国語の眼鏡をとおして見る日本語―』57–68. 名古屋：三恵社.
夏海燕(2013)「なぜ罪を着たり着せたりできるのか―他動詞と二重他動詞ペアの意味拡張をめぐって―」『日本認知言語学会論文集』13　日本認知言語学会.
夏海燕(近刊)「着点動作主動詞の位置付け：典型的な他動詞と再帰動詞と比較して―日本語と中国語を中心に―」『神奈川大学言語研究』39. 神奈川大学言語研究センター.
徐丹(2005)「某些具有±给予意义动词的语法化」吴福祥(編)《汉语语法化研究》商务印书馆.
Yamaguchi, Toshiko (2009) Literal and figurative uses of Japanese eat and drink. In: John Newman (ed.) *The linguistics of eating and drinking,* 173–193. Amsterdam/Philadelphia: John Benjamins.
山本隆(2005)「脳で味わう―おいしさの科学とおいしさの表現」『味ことばの世界』：54–87. 海鳴社.
山梨正明(2000)『認知言語学原理』くろしお出版.
姚振武(1990)「古汉语受事句中"见V"结构再研究」,《古汉语研究》第2期.
Zinken, Jörg (2007) Discourse metaphors: The link between figurative language and habitual analogies. *Cognitive Linguistics* 18 (3): 445–466.

使用したコーパス

日本語：
青空文庫.〈http://www.aozora.gr.jp/〉
現代日本語書き言葉均衡コーパス(BCCWJ: Balanced Corpus of Contemporary Written Japanese). 2009年度版・モニター公開データ. 東京：国立国語研究所.

中国語：
语料库在线(现代汉语通用平衡语料库, 古代汉语语料库)〈http://www.cncorpus.org/〉

英語：
British National Corpus (BNC).〈http://www.natcorp.ox.ac.uk/〉

索引

あ

一方向性　3, 23
一方向性の仮説　20
一方向的　27
意図性　52, 194
意図性の消失　117, 191
意図的　99, 116
イメージ・スキーマ　5, 14, 23, 121, 125
イメージ・スキーマの適用概念領域の変化　15
イメージ・スキーマの背景化　15
イメージ・スキーマの変換　15
受身標識　189, 191
迂言的なうけみ表現　189
ウチとソト　114
影響合意型　193
遠心性　193

か

開始時起動型使役移動　60
概念的中心義　32, 45, 59
概念的中心性　31
概念メタファーの合成　13
過剰一般化　13, 122, 123
過剰指定　92, 93
価値付与　129
擬人法的隠喩　21
起点領域　10, 12, 23, 29
起点領域決定仮説　29
機能的中心義　32, 45

機能的中心性　31
基本義の認定　30
基本語彙　29
客体移動　60
求心性　192, 193
求心的　63
共感覚　19
虚構移動　15, 61
際立たせと隠し　12
経験的共起性　18
経験的類似性　18
継続操作型使役移動　60
get-passive　197
言語調査　159
現象素　96
語義的経済性の原則　13, 92
語量的な受動表現　190
行為連鎖モデル　62
語の競合　92

さ

再帰動詞　66, 67, 68, 70
サセ形使役動詞　135, 136, 137
参照点構造　24
使役移動　1, 59, 63
使役動詞　135, 141
視覚の優位性　21, 93
自己領域　5, 112, 143, 157
写像の「部分性」　11
写像の欠け　5, 13, 92
収束的証拠　30
受影者　193
受影性　192, 193
受影文　193
主観化　27
主体移動表現　60
主体的視覚　50, 51
主体領域の侵入　117
主要的着衣動詞　31
受容的視覚　50, 51
焦点移動　96

心身分離説　17
身体性　17
身体性基盤　7, 21, 23
身体的経験　17
心的態度　128
心的プロセス　24
スキーマ　126, 127, 128
スキーマの融合　125
スクリプト　17
摂食動詞　1, 46, 77, 112, 145, 159, 167, 172, 179, 183, 186
相関関係　18, 19
遭遇動詞　192

た

堕落的傾向　6, 21, 104
単一概念領域　15, 122
知覚動詞　1, 49, 50, 61, 84, 146, 176, 180, 186
着衣動詞　1, 37, 38, 61, 71, 110, 145, 166, 171, 184
中間態　67
抽象的放射移動表現　60
中心義　30, 31
テリトリー　114
統合テスト　33, 34, 42
動作主の受影性　59, 65
動作主への求心性　59
同時使用　34, 42, 56, 98
特定項目優先の条件　39
独立義　33
トラジェクター　14

な

二時的着衣動詞　31
二重他動詞　135, 136, 140, 142
認知的際立ち　24

は

伴随・運搬型使役移動　60
非意図的　99, 116
悲観的傾向　104
非対称性　12
非対称的　23, 26
百科事典的知識　16
不快な経験　3, 4, 105, 141
負荷動詞　1, 43, 74, 108, 145, 169, 173, 180, 186
複合的メタファー　18
不変化性仮説　12
不変性の原則　13
プライマリー・メタファー　13, 18, 108
フレーム　16, 26, 54, 96
プロトタイプ　17
プロトタイプ的意味　29, 31
プロファイル　96
文法化　27
分離テスト　33

ま

メタファー　9, 17
メタファーの基盤　17
目標領域　10, 12, 23
目標領域制約　13
目標領域優先の原則　13

ら

ランドマーク　14
理想化認知モデル　17
領域の侵害　132
両面性　78, 80, 97

【著者紹介】

夏海燕（か・かいえん）

〈略歴〉1983年中国湖南省生まれ、中国湖南師範大学外国語学部日本語学科卒業、中国国立中山大学大学院外国語研究科博士前期課程修了。2008年日本政府国費留学生として来日。神戸大学大学院人文学研究科博士後期課程修了。博士（文学）。湖南師範大学助教、日本学術振興会特別研究員DC2（神戸大学大学院人文学研究科）、日本学術振興会特別研究員PD（東京大学人文社会系研究科）を経て、現職神奈川大学特任助教。

〈主な著書・論文〉《日汉对比语言学》（『日中対照言語学』）（共著、2015、中国：南開大学出版社）、「韓国語「着点動作主動詞」の意味拡張―日本語との対照をかねて」（『日本語とX語の対照2―外国語の眼鏡をとおして見る日本語』2012、三恵社）、「「着点動作主動詞」から見る意味拡張の方向性」（『日中言語研究と日本語教育』第3号、2010、好文出版）

神奈川大学言語学研究叢書 7

動詞の意味拡張における方向性―着点動作主動詞の認知言語学的研究

The Directionality of Semantic Extensions of Verbs:
A Cognitive Linguistic Approach to Goal-Agent Verbs
XIA Haiyan

発行	2017年3月17日　初版1刷
定価	4800円＋税
著者	ⓒ 夏海燕
発行者	松本功
装丁者	大崎善治
印刷所	三美印刷株式会社
製本所	株式会社 星共社
発行所	株式会社 ひつじ書房

〒112-0011 東京都文京区千石2-1-2 大和ビル2F
Tel.03-5319-4916　Fax.03-5319-4917
郵便振替 00120-8-142852
toiawase@hituzi.co.jp　http://www.hituzi.co.jp/

ISBN978-4-89476-846-8

造本には充分注意しておりますが、落丁・乱丁などがございましたら、小社かお買上げ書店にておとりかえいたします。ご意見、ご感想など、小社までお寄せ下されば幸いです。

［刊行書籍のご案内］

神奈川大学言語学研究叢書

1　発話と文のモダリティ　対照研究の視点から
　武内道子・佐藤裕美編　定価 6,000 円＋税

2　モダリティと言語教育
　富谷玲子・堤正典編　定価 4,200 円＋税

3　古代中国語のポライトネス　歴史社会語用論研究
　彭国躍著　定価 4,800 円＋税

4　グローバリズムに伴う社会変容と言語政策
　富谷玲子・彭国躍・堤正典編　定価 4,800 円＋税

5　英語学習動機の減退要因の探求　日本人学習者の調査を中心に
　菊地恵太著　定価 4,200 円＋税

6　言語の意味論的二元性と統辞論
　片岡喜代子・加藤宏紀編　定価 4,600 円＋税

［刊行書籍のご案内］

ベーシック英語史
家入葉子著　定価 1,600 円＋税

ベーシック日本語教育
佐々木泰子編　定価 1,900 円＋税

ベーシック生成文法
岸本秀樹著　定価 1,600 円＋税

ベーシック現代の日本語学
日野資成著　定価 1,700 円＋税

ベーシックコーパス言語学
石川慎一郎著　定価 1,700 円＋税

ベーシック新しい英語学概論
平賀正子著　定価 1,700 円＋税

ベーシック応用言語学
石川慎一郎著　定価 1,800 円＋税

[刊行書籍のご案内]

メタファー研究の最前線
楠見孝編　定価 8,000 円 + 税

メタファーと身体性
鍋島弘治朗著　定価 5,800 円 + 税

Metaphor of Emotions in English
With Special Reference to the Natural World and the Animal Kingdom as Their Source Domains
大森文子著　定価 9,500 円 + 税

[刊行書籍のご案内]

自由間接話法とは何か　文学と言語学のクロスロード
平塚徹編　定価 3,200 円 + 税

所有表現と文法化　言語類型論から見たヒンディー語の叙述所有
今村泰也著　定価 7,800 円 + 税

グリム兄弟言語論集　言葉の泉
ヤーコプ・グリム、ヴィルヘルム・グリム著　千石喬、高田博行編　定価 12,000 円 + 税

[刊行書籍のご案内]

発話のはじめと終わり　語用論的調節のなされる場所
小野寺典子編　定価 3,800 円＋税

市民参加の話し合いを考える
村田和代編　定価 2,400 円＋税

メディアのことばを読み解く 7 つのこころみ
名嶋義直編　定価 2,400 円＋税